30130

Déja parus dans la même collection

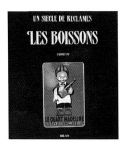
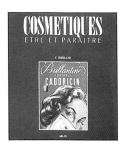

© 1991 Éditions MILAN – F. GHOZLAND
TOULOUSE

Dépôt légal : 2ᵉ trimestre 1991
I.S.B.N. 2.86726.709.9

Printed in Hong Kong by Everbest Printing Co. Ltd.

BÉATRICE LAURANS
FREDDY GHOZLAND

Préfaces de

Lionel JOSPIN
Ministre de l'Éducation Nationale, de la Jeunesse et des Sports

Elisabeth GUIGOU
Ministre des Affaires Européennes

Vladimir FILIPPOV
Membre de l'Union des Artistes de Leningrad
Président de l'Association Internationale Interplakat

MILAN

URSS LA CONTESTATION GRAPHIQUE

GRAPHIC PROTEST IN THE URSS

La création graphique connaît une floraison dans ces moments importants de la vie de l'URSS. Libérée des censures et des interdits, elle apparaît comme l'une des manifestations colorées d'un besoin et d'un espoir, celui de communiquer librement, celui de peser sur le cours des événements. Loin du graphisme officiel ou de l'académisme imposé, l'expression se fait alors plus large, plus inventive, fresque – parfois impertinente – des préoccupations de la vie quotidienne.
C'est probablement une telle période que les graphistes présentés dans cette exposition avaient le sentiment de vivre. C'est cela qui semble leur avoir donné cette irrévérence, ce dynamisme, cette inventivité.
L'exposition MOSCOU S'AFFICHE constitue en ce sens un témoignage varié et attachant de la vie des Soviétiques ces dernières années ; mais elle pourrait aussi nous rappeler que certaines des préoccupations qui se manifestent dans ces affiches ne devraient pas nous laisser indifférents car dans un autre contexte, elles sont les nôtres.

Lionel JOSPIN
Ministre d'État,
Ministre de l'Éducation Nationale,
de la Jeunesse et des Sports

At this significant point in the life of the USSR, graphic creativity is in full swing.
No longer censored or banned, it appears as one of the colorful expressions of the hope and the need to communicate freely and to influence the course of events.
Very different from the official or set academic style, artists now express themselves in a broader and more inventive manner, creating a picture – sometimes impertinent – of the preoccupations of everyday life.
The graphic artists whose work is presented in this exhibition were probably aware of living in just such a period.
This is what seems to have sparked off their irreverence, their energy and their inventiveness.
Seen like this, the exhibition is a varied and engaging account of Moscow life during the last few years; but it can also help to remind us that some of the concerns stressed in the posters should not leave us indifferent; in another context, they are our concerns too.

Lionel JOSPIN
Ministre d'État,
Ministre de l'Éducation Nationale,
de la Jeunesse et des Sports

Depuis presque deux ans déjà, les échanges entre notre pays et ceux d'Europe centrale et orientale se multiplient, en particulier dans les domaines culturels et artistiques.

C'est le résultat bien sûr du passage à la démocratie des régimes en cause, car celle-ci apporte avec elle l'ouverture et la liberté de penser, celle de s'exprimer et d'aller et venir.

C'est aussi le fruit d'une volonté délibérée de notre part de développer avec tous ces pays en mutation une coopération diversifiée et équilibrée.

Une telle collaboration passe par une meilleure connaissance réciproque.

L'exposition MOSCOU S'AFFICHE, par la qualité des œuvres qu'elle présente, leur variété, mais surtout leur force de dérision tout autant que d'illustration de certaines réalités, est sans conteste un instrument utile dans cette découverte de l'autre.

Elle rappelle par ailleurs, si besoin en était, que parmi les nombreux canaux que peut utiliser la liberté d'expression, celui de l'affiche est un des plus forts et des plus efficaces.

C'est pour l'ensemble de ces raisons que j'ai décidé d'accorder mon soutien à la manifestation qui vous est aujourd'hui présentée.

Elisabeth GUIGOU
Ministre délégué
chargé des Affaires Européennes

Exchanges between our country and those of Central and Eastern Europe have been expanding for almost two years now, particularly in the cultural and artistic sphere. Obviously, this is due to the transition of the regimes in question to democracy. That is because the latter opens up fresh horizons and permits freedom of thought, freedom to express oneself and freedom to come and go. It is also the outcome of deliberate policy on our part to develop a diversified, balanced cooperation with all these countries now in the throes of far-reaching change. Through this collaboration, we are also getting to know one another better. The "Moscou s'affiche" (Moscow posters) exhibition is unquestionably a worthwhile contribution to this process of mutual discovery, thanks to the quality and variety of the works on show. Above all it is worthwhile because of their bold tone and capacity to illustrate certain aspects of reality. The exhibition is a reminder, moreover, if it were necessary, that the poster is one of the most powerful and most effective of all the many channels through which freedom of expression operates. For all those reasons, I have given my backing to the exhibition presented to you here.

Elisabeth GUIGOU
Ministre délégué
chargé des Affaires Européennes

PREFACE

« Interplakat » est une association internationale qui rassemble des peintres sans distinction de nationalité, de ville ou pays d'origine, d'adhésion à telle ou telle organisation artistique ou politique et enfin de religion.

« Interplakat » est aussi une association indépendante de l'Etat soviétique.

A la différence des autres associations comme par exemple « Panorama » qui émane du Comité Central du Parti Communiste d'URSS et qui édite de grandes quantités d'affiches sur la Pérestroïka, « Interplakat » retient et expose des œuvres qui n'ont jamais été publiées à cause de leur caractère souvent trop « politique » même en cette période de Pérestroïka.

L'affiche est un art qui, à mon sens, doit être toujours à la pointe de l'actualité. Elle doit ressembler à un cri.

Durant la période de la Stagnation, les peintres étaient contrôlés par le Pouvoir. Beaucoup de créations n'ont donc jamais été vues et ont disparu pour toujours.

La première exposition réalisée en URSS par « Interplakat » s'est tenue durant la guerre d'Afghanistan.

Elle a eu pour but de lutter contre cette guerre injuste, contre la mort de garçons de vingt ans, contre la situation inhumaine de ceux qui en sont revenus handicapés et se sont retrouvés ensuite abandonnés par la société.

Le bénéfice de cette exposition (70 000 roubles) a été envoyé aux hôpitaux où étaient soignés les soldats gravement blessés.

En 1988, une exposition a été organisée en faveur des maisons d'enfants qui recueillent des orphelins et des handicapés.

Elle voulait attirer l'attention de la société sur les problèmes de l'enfance. Il en a été de même de celle qui a été présentée en France en 1990.

L'exposition qui fait l'objet d'une partie de ce livre-catalogue a pour titre : « Les Dix Commandements ».
Aujourd'hui le sang coule dans notre pays (Tbilissi, Karabakh, Bakou, Fergana, Ocha, Lithuanie, Kirguisi). Ce thème a rassemblé de nombreux peintres qui veulent attirer l'attention sur ces événements et sur les valeurs humaines qu'il faut à nouveau promouvoir. Elle met souvent en évidence les contradictions apparentes aujourd'hui en URSS du Socialisme.
Je voudrais ici remercier les graphistes français qui y ont pris part et souligner que le Grand Prix « Interplakat » a été décerné à Mme Juliette Weisbuch de Paris. Au nom des peintres que nous représentons, je vous remercie de l'attention que vous porterez à leur travail.

Vladimir FILIPPOV
Membre de l'Union des Peintres d'URSS
Président d'Interplakat

"Interplakat" is an international association that regroups artists indiscriminate of nationality, town or country of origin, or of whether they belong to such and such an artistic, political or religious organisation.
"Interplakat" is an independant association that is not controlled by the Soviet State.
Contrary to other associations, such as "Panorama", which originates from the Communist Party Central Committee and which publishes numerous posters on Perestroika, "Interplakat" selects and exhibits works which have never been published because of their too "political" a character, even with today's Perestroika.

Poster art is an art form which, to my mind, must be in the forefront of current affairs. It should be like a shout.
During the stagnation period, artists were under Government control. Many of their creations have therefore never been seen and have disappeared for ever.
The first exhibition that Interplakat organised in the USSR was held during the Afghanistan war. Its aim was to protest against the injustice of such a war, against the death of twenty-year-old boys, against the cruel situation of those who came back handicapped only to find themselves abandoned by society.
The profits from this exhibition (70 000 roubles) were sent to hospitals where seriously injured soldiers were treated.
In 1988, a exhibition was organised in aid of children's homes that looked after orphans and handicapped children. It wanted to draw society's attention to the plight of children. This was also the theme of the exhibition held in France in 1990. The exhibition which forms the subject of part of this book is entitled "The Ten Commandments".
Today when blood is being shed in our country (Tbilissi, Karabakh, Bakou, Fergana, Ocha, Lithuania, Kirguisi), this theme has drawn together numerous artists who want to draw attention both to these events and to the necessity of restoring certain human values. It shows up the obvious contradictions that exist in Socialism in the USSR today.
I would like to thank the French graphic artists who took part in this exhibition, and underline that the "Interplakat" Prize was awarded to Madame Juliette Weisbuch from Paris. On behalf of the artists we represent, I would like to thank you for the interest you take in their work.

Moscou s'affiche

L'AFFICHE DANS L'ART SOVIÉTIQUE
THE POSTER'S PLACE IN SOVIET ART

PLACE DE L'AFFICHE DANS L'ART SOVIÉTIQUE

L'affiche est loin de représenter un art mineur en Union Soviétique. Dès la Révolution, l'affiche, comme les autres arts éphémères, s'impose partout. Elle représente alors avant tout un moyen de propagande politique, trait qu'elle conserve aujourd'hui dans une large mesure. A cette époque sa politisation est engendrée par les événements eux-mêmes, mais elle est aussi conforme à la conception soviétique de l'art. Les écrits de Marx impliquaient déjà l'existence d'un lien étroit entre l'art (superstructure) et l'évolution économique (infrastructure).

De nombreux penseurs, artistes et écrivains russes, étaient obsédés par l'idée que l'art devait être utile. Lénine va plus loin encore : il proclame que l'artiste doit s'engager aux côtés du prolétariat. La fonction éducatrice de l'art devra rendre un service appréciable à la Révolution, c'est pourquoi, dès 1918, le gouvernement soviétique lance un important plan de propagande. En 1971 on pouvait encore lire que la principale fonction sociale de l'art réside dans le développement idéologique de la personnalité. Nul autre que l'affichiste ne peut mieux remplir cette fonction puisqu'il n'est, « pas seulement un artiste », mais qu'il « est, en même temps, un politicien et un journaliste », et qu'il utilise le crayon et la brosse « comme une arme ».

Dans les premières années qui suivent la Révolution de 1917, l'affichiste, tout comme l'artiste, remplit librement son engagement, toutes les fantaisies étant permises pourvu qu'elles servent l'idéal communiste. Les courants de l'avant-garde artistique se reflètent alors dans l'affiche. Rapidement l'Etat totalitaire va mettre de l'ordre dans le domaine culturel, comme dans tous les autres : l'artiste doit obligatoirement créer suivant les normes du réalisme socialiste qui s'imposent au Premier Congrès des écrivains soviétiques en 1934.

Les conséquences de cette « méthode artistique » sont toutefois assez différentes dans l'affiche et dans la peinture. Tandis que le réalisme naturaliste est à l'honneur dans la peinture de chevalet, une grande stylisation est fréquente dans l'affiche. Néanmoins, dans les deux cas, l'esprit est commun : le critère de toute œuvre doit être son « esprit de parti » (partiïnost).

Dans la période post-stalinienne (à partir de la mort de Staline en 1953, et surtout du XXᵉ Congrès en 1956), la peinture reconquiert une plus grande diversité, pendant que l'affiche connait des changements plus limités. La Pérestroïka, enfin, permet une libéralisation spectaculaire des beaux-arts.

Quelle est alors l'influence de la peinture sur l'affiche et vice-versa ?

Pour simplifier on peut aujourd'hui distinguer trois courants stylistiques : le premier, la propagande politique classique, est spécifique de l'affiche. Il se caractérise par des formes dynamiques et par l'emploi fréquent du rouge et du noir. L'affiche célébrant le Premier Congrès des Soviets est typique de ce style, ainsi que celle du XXVIIᵉ Congrès ou celle de la Pravda. Ce style tombe maintenant en désuétude, de même que les slogans qui ornaient autrefois les rues.

Le deuxième courant que l'on pourrait nommer satirique appartient à la fois à l'affiche et à l'illustration.

Enfin, un troisième courant plus esthétisant et plus proche de la peinture rappelle, en particulier, l'hyperréalisme de l'art officiel des années brejnéviennes.

A cause de son omniprésence, l'affiche a influencé la peinture, au moins autant que l'inverse. Les toiles réalistes socialistes, parce qu'elles devaient représenter une idée ou une histoire facilement identifiables, étaient déjà proches de l'affiche. Plus tard, les peintres non-conformistes ont souvent parodié l'art officiel afin de dénoncer les mythes qu'il recèle. On peut comparer ce procédé à celui du pop'art, mais au lieu de viser la société de consommation, le soc'art cible l'idéologie soviétique. Plus généralement, l'art conceptualiste est proche de l'affiche dans la mesure où l'image est souvent assortie d'un texte. Dans ce contexte le tableau pourra avoir une expression directement issue de celle de l'affiche.

ORIGINALITE DE L'AFFICHE SOVIETIQUE

Elle se différencie nettement de l'affiche occidentale par sa vocation et ses objectifs. On peut distinguer trois genres principaux : l'agitation ou propagande politique, la réclame culturelle et la publicité commerciale. Les deux premiers sont largement répandus depuis la Révolution, le troisième s'est développé ces dernières années.

Dans l'ensemble, l'observation de l'affiche soviétique donne le sentiment d'effectuer un voyage dans le temps. En effet, elle ne connait pas les innovations venues des Etats-Unis et appliquées en France dans les années 60. Alors qu'en Occident l'affichiste tient compte aujourd'hui des contraintes imposées par les études scientifiques et le marketing, en Union Soviétique il n'obéit encore qu'à des impératifs idéologiques et esthétiques. Les études sur la réceptivité de l'affiche se limitent à des enquêtes sur l'accueil et les réactions des visiteurs des expositions.

Les principes d'action de l'affiche soviétique diffèrent aussi de ceux de son homologue occidentale. La publicité des pays capitalistes vise à éveiller les désirs du consommateur en faisant appel aux réactions de son subconscient et notamment à ses pulsions érotiques. L'affiche soviétique, même si on peut aussi y découvrir quelques principes psychanalytiques, vise plus à convaincre et à informer. Traditionnellement et surtout à l'époque stalinienne, elle avait également pour fonction de donner l'illusion d'un univers monolithique et unanime, où le seul conflit existant est celui qui l'oppose au monde bourgeois. Depuis la Pérestroïka, cette fonction s'est quelque peu estompée. Néanmoins, l'affiche soviétique est toujours le reflet d'un monde sans concurrence : les partis politiques indépendants n'ont pas les moyens de commanditer des affiches et les firmes commerciales sont loin de répondre aux besoins quotidiens de la population. Pour cette raison, et sur le plan formel, l'affiche soviétique se rattache encore très souvent à sa propre tradition : le lyrisme politique ou la satire. L'affiche commerciale, fort rare, reste très sobre, avec des couleurs ternes et peu d'éléments décoratifs. En règle générale, la technique du photomontage n'est guère utilisée. En revanche la qualité esthétique de l'affiche illustrée, qu'elle soit politique, sociale ou culturelle, est d'un bon niveau, la plupart d'entre elles étant issues d'expositions-concours.

CONDITION DE L'AFFICHISTE EN UNION SOVIETIQUE

La plupart des affichistes reçoivent une formation spécialisée dans un Institut des Beaux-Arts et entrent ensuite à l'Union des Artistes. A titre indicatif, la section Affiche de l'organisation moscovite compte environ cent cinquante membres. Elle leur assure des avantages corporatifs ainsi que le statut de travailleur. Cependant la principale maison d'édition, « Panorama », qui s'appelait autrefois « Plakat » (l'affiche), ne dépend pas de l'Union mais du Comité Central du Parti Communiste.

Cette maison passe des commandes et paie l'original selon un prix indépendant du tirage qu'elle en fera. Elle propose ensuite l'affiche aux libraires dont les souscriptions conditionnent ce tirage.

Jusqu'en 1985, la commande, très dirigiste, représentait une contrainte importante pour l'artiste. Son travail était soumis à l'approbation à la fois d'un conseil de membres de l'Union des Artistes et de la rédaction qui jugeaient suivant des critères artis-

far short of satisfying the population's daily needs.
For this reason, and as far as it's form is concerned, the
soviet poster remains faithful to its own tradition: political
effusiveness or satire. The rare commercial posters remain
very sober, with drab colours and few decorative features.
Photomontage techniques are rarely used. On the other hand,
whether the illustrated poster is of a political, social or
cultural nature, it is of high artistic quality, most posters being
the result of competitive-entry exhibitions.

THE POSTER DESIGNER'S POSITION IN THE SOVIET UNION

The majority of poster artists receive specialized education at
an Art College and then enter the Artist's Union. For example,
the poster section of the Moscou organisation has about a
hundred and fifty members. It provides them with corporate
advantages as well as worker status. However, the main
publishing house, « Panorama », formerly called "Plakat" (the
poster), is not answerable to the Union, but to the
Communist Party Central Committee.
This firm commissions the work, and pays a set price for the
original irrespective of the number of copies that are printed.
They then propose the poster to bookshops, and only when
orders have been placed does the printing start.

Until 1985, these commissions were of such a directive order
that artists found them very restricting. Their work had to be
submitted for approval both to the council members of the
Artist's Union and to the editors whose decision was made
both on artistic and political grounds. As a rule, the Central
Committee exerted tight control and gave frequent advice.
Nowadays, it allows them greater freedom. Perestroika's
inherent ideas have enabled the artist to show initiative and
fully exploit the use of satire. Though obviously the
management cannot accept posters radically opposed to the
Party line. The most important problem at the present time is
no longer one of censorship, but of economics: a poster must
be financially viable. However, political and social themes are
not conducive to large-scale printing: who, for example, really
wants to buy a poster against bureaucracy?
Shortage of paper is another problem; in 1990,
"Panorama" received half the amount of the previous years.
The "Aguitplakat", which is attached to the Artists' Union,
publishes a few posters (about sixteen per month), which are
more daring than those of "Panorama", but printed in smaller
quantities (maximum 7 000 - 8 000 copies). In fact, the
majority of posters, often the most interesting, are not
published at all. They remain "exhibition" posters, which is
somewhat contrary to their calling. The public's enthusiasm is
evident by the large numbers that turn up for such events.
The audience can sometimes show their disapproval as well:
they broke a Moscow Artist's Union display window which
showed a poster of Lenin breast-feeding Stalin.
At the moment there is no publishing cooperative, only the
Communist Party can afford to publish posters, the impact of
independant posters is limited by their lack of circulation.
Faced with the disappearance of mass propaganda posters
"Panorama" has had to move into new fields, such as
calendars, or series on religious feasts. They are now ready to
look for new customers abroad, too. But because of their
attachment to the Communist Party, however, they have to
limit their choice. For example, they cannot allow themselves
to publish erotic posters even though they are in great
demand from part of the population.
The Soviet poster, too, is at a turning point in it's history.

Irène SEMENOFF-TIAN-CHANSKY

Moscou s'affiche

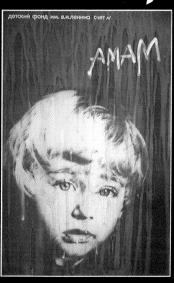

ECOLE ET EDUCATION
SCHOOL AND EDUCATION

ECOLE ET EDUCATION

Dès 1919, les Maïakovski, Lavinski, Tcheremnykh, Khlebnikov font aux masses laborieuses l'éloge de l'instruction par le biais des fameuses « Fenêtres Rosta » : affiches exécutées et reproduites à la main, placardées dans les vitrines vides des magasins. Le temps a passé, mais, avec plus ou moins de talent et d'originalité, l'école est devenue un thème majeur de la propagande soviétique. S'il ne s'agit plus d'enseigner la lecture et l'écriture aux paysans analphabètes, il importe toujours de construire l'avenir du pays, de former le citoyen soviétique.

Pérestroïka ou pas, on est frappé par la permanence des thèmes qu'illustrent les affiches. On tente d'abord de promouvoir l'enseignement technique et manuel qui, paradoxalement, « n'a guère la cote » au Pays du Prolétariat vainqueur. L'école doit ensuite former le goût ; ainsi l'art est-il défini comme une « merveille », un « miracle », censé séduire l'enfant à l'instar des contes de fées. Les symboles utilisés sont d'un classicisme absolu (colonnes grecques, lyres...) et les concepts ne sont pas exempts de « spiritualisme ». Des mots tels que « miracles », « âme »... (et c'était déjà le cas sous Staline où le folklore, par exemple, était défini comme « l'âme du peuple ») font beaucoup plus recette dans l'idéologie soviétique, pourtant matérialiste et athée, que dans nos sociétés obscurantistes. Le sport, enfin, se voit réserver une place de choix, selon le principe : « Un esprit sain dans un corps sain. » Il permet de s'aguerrir et développe le sens de la collectivité.

Les affiches de la fin des années 80 ne se distinguent guère de celles de la « stagnation brejnévienne ». Quelques nouveautés, cependant. L'ordinateur en est une (les écoles soviétiques commencent à en être équipées) : de même que la lutte contre l'abus de la télévision. Dans l'ensemble, malgré tout, on a l'impression d'un grand flou, d'une grande timidité par rapport à l'ampleur des problèmes évoqués. La question des relations parents-enfants, très douloureuse actuellement, reste à l'état de question. Le peu d'empressement des parents à suivre de près la scolarité des enfants et à venir faire le point à l'école est un pâle reflet de la réalité. On garde le souvenir de certaines affiches des années 70 dénonçant, combien plus violemment, les pressions exercées par les familles sur les enseignants pour que soient réévaluées – à la hausse – les notes de leurs rejetons. Les enseignants, invités à se montrer « créatifs » appellent le même commentaire, bon nombre d'entre eux, aujourd'hui, se trouvent désemparés, ne sachant plus quoi enseigner ni comment.

Les séries consacrées à la paix et à la guerre sont peut-être les plus caractéristiques. Le postulat de base est « tous les enfants sont pour la paix ». Mais la paix se défend les armes à la main, ce qui justifie l'armement et le militarisme soviétiques. On est ici, littéralement, dans le domaine du cliché : les affiches de ce genre ne se comptent plus en URSS. La boucle est bouclée avec le culte du héros tué à la guerre, que l'enseignement soviétique s'attache à développer depuis la Seconde Guerre mondiale. A ceci près qu'il s'agit à présent de combattre l'idée d'une « sale guerre ». Les héros d'aujourd'hui sont, que le mot soit ou non prononcé, des anciens d'Afghanistan.

Anne COLDEFY-FAUCARD

From 1919 on, the praises of education were sung to the working masses by those such as Maiakovski, Lavinski, Tcheremnykh, Khlebnikov by means of the famous "Rosta windows", posters produced and copied by hand and stuck in empty shop windows.

With the passing of years, and with varying talent and originality, education has become major soviet propaganda. Although it is no longer a case of teaching illiterate peasants to read and write, it is still necessary to construct he country's future, and to form the Soviet citizen.

With or without Perestroika, there is a striking constancy in the themes illustrated by the posters. Firstly, attempts are made to further technical and manual education – paradoxically, these are not highly thought of in the Land of the Victorious working-classes. School must also form taste; thus art is described as a "wonder", as "magic", and is supposed to hold fairy-tale appeal for children. The symbols used are extremely conventional (greek pillars, lyres...) and the concepts are not without a certain "spiritualism". Words such as "miracles", "soul"... (and this was already the case under Stalin where folklore, for example, was defined as "the soul of the people") are more popular with Soviet idealogy, however atheist and materialistic, than with our obscurantist society. Finally, sport is given a place of honour, according to the maxim "a sound mind in a sound body". It strengthens and develops community spirit.

The posters at the end of the eighties are little different from those of the "Brejnev stagnation" years. There are some innovations, however. The computer is one of them (soviet schools are beginning to be equipped with them); as well as the fight against excessive television viewing.

Nevertheless, on the whole we get the impression that such large-scale problems are treated very vaguely and with a certain timidity. The question of parent-child relationships – very painful at present – doesn't get beyond the stage of a question. Parent's lack of willingness to follow their children's schooling closely, or to to keep in touch with the school, falls far short of reality. We are reminded of certain posters in the seventies which were much more violent in denouncing the pressure brought to bear on teachers by families – in order that their offsprings's marks be upgraded. The same comment can be applied to teachers. Asked to show "creativity", many find themselves bewildered nowdays, uncertain of what to teach or how to do so.

The series on peace and war are perhaps the most representative. The basic assumption is that "all children want peace". But peace must be defended by weapons, which justifies soviet militarism and armament. Literal clichés like these can be found in countless posters throughout the USSR. The wheel has come a full circle with the cult of the hero killed at war, a theme soviet education has been trying to develop since the Second World War. Except that now it's a question of fighting the idea of a "dirty war". Today's heros are those that fought in Afghanistan, even though the word may be left unsaid.

1

« La chanson est l'âme du peuple »

"Song is the soul of the people"

2

« Enseignant, sois un individu créatif »

"Teacher, be a creative individual"

3

4

« L'art est un enchantement »

"Art is magic"

« Mon frère est un héros »
■ Adolescent accoutré de l'uniforme de son frère (en médaillon) tué en Afghanistan.

■ *Adolescent dressed up in the uniform that belonged to his brother (photo inset) killed in Afghanistan.*

5

6

Serguei BORTCHVKIN • Leningrad

« **Nous n'avons pas de sexualité** »
■ Corps de poupées asexuées, associés à des visages d'adultes typiques de la propagande des années 1950. A cette époque, toute référence au sexe était tabou.

"We have no sexuality"
■ *Dolls' sexless bodies whose adult faces are typical of those that appeared in propaganda during the 50's.*
Any reference to sex at that time was taboo.

Irik VALIAKHMETOV • Magadan

« **Maman** »
■ Numéro de compte bancaire de la Fondation Lénine en faveur de l'enfance.

"Mama"
■ *The bank account number of the Lenin Foundation in aid of children.*

Moscou s'affiche

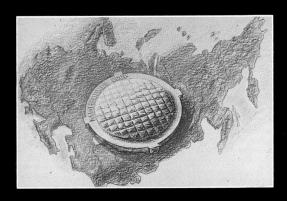

ECOLOGIE
ECOLOGY

ECOLOGIE

Il aura fallu Tchernobyl pour qu'on évoque aujourd'hui en Occident, comme une évidence, la catastrophe écologique que représentent les pays de l'Est. Tchernobyl, c'est pour l'URSS la reconnaissance forcée du problème et l'autorisation accordée à la presse et aux médias d'en faire état. Tchernobyl, c'est pour l'étranger la fin d'un mirage : les Soviétiques peuvent continuer à aligner les hectares de verdure que comptent leurs villes, clamer leur amour des petits oiseaux, des arbres et de la nature, on n'y croit plus. Il paraît loin le temps où Tourguéniev écrivait ses *Récits d'un chasseur*.

Tchernobyl, en un mot, c'est la boîte de Pandore. A la suite de l'explosion, se sont soudain abattus sur les consciences les usines polluantes, les kilomètres carrés de terre empoisonnés par les engrais, les fleuves de Sibérie irrécupérables, la mer d'Aral ensablée, la faune et la flore saccagées du Baïkal, et mille autres maux.

Les avertissements, les cris d'alarme, n'avaient pourtant pas manqué dès les années 70. Boris Komarov faisait paraître à l'Ouest, dans l'indifférence générale, un ouvrage intitulé *Le Rouge et le Vert*, aussitôt qualifié de calomnieux par les autorités soviétiques, qui ne cessent à présent d'en confirmer la justesse. Des écrivains dits « paysans », tels que Valentin Raspoutine, dénonçaient dans leurs récits et romans les projets de mise en valeur de la Sibérie, les villages noyés par de gigantesques barrages, la destruction d'un immense pays regorgeant de richesses et d'une civilisation. Ils ne furent guère entendus.

A défaut de s'être vraiment incrustée dans les têtes et dans les faits, l'écologie est désormais entrée dans le vocabulaire soviétique. Des plus « démocrates » aux plus « nationalistes », tous les partis, les groupuscules, ont inscrit cette question à leur programme. Pour les « démocrates », que l'on qualifiera schématiquement d'« occidentalistes », le combat écologique est un biais supplémentaire permettant de se rattacher aux courants démocratiques des pays de l'Ouest. Ils entretiennent souvent des relations assez étroites avec les « Verts » allemands. Pour les « nationalistes » russes, le désastre écologique s'inscrit dans le cadre plus large de la destruction des valeurs, de la patrie, de la Russie, par les Bolcheviks (quand ce n'est pas par les Juifs).

Le discours officiel, lui, se veut « internationaliste ». Il se résume en gros à cette adresse aux Occidentaux : nous sommes différents et nos divergences ne sont pas près d'être abolies. Mais nous habitons la même planète, aujourd'hui en danger. Mettons donc nos querelles en veilleuse et œuvrons en chœur pour la sauver. L'écologie devient ainsi une sorte de supra-valeur.

Dans la réalité, la désorganisation est totale : les quelques actions menées sont inefficaces, parce que sans commune mesure avec les problèmes qui se posent, et souvent contradictoires. On manque en outre cruellement de moyens. Les Occidentaux, quant à eux, ne peuvent intervenir qu'au coup par coup. Or, c'est d'un plan d'ensemble que le pays a un besoin urgent. En attendant, tout continue à se dégrader.

Les « villes bleues » du XXIe siècle, que décrivait Alexis Tolstoï dans les années 20, ont, semble-t-il, rejoint le cimetière des utopies.

Anne COLDEFY-FAUCARD

Today, thanks to Chernobyl, the West has realized what an obvious ecological catastrophe the eastern european countries represent. It was Chernobyl that forced the USSR to recognise the problem, and into allowing it press and media coverage. Chernobyl was the end of a myth for foreigners: the Soviet people may continue to show off the expanses of green land that surround their towns, to proclaim their love of nature and wildlife, nobody believes it anymore. The scenes that Turgenev wrote about in his "Hunter's Tales" seem very far away.

Chernobyl, in a word, is Pandora's box. After the explosion, people suddenly became conscious of factory pollution, of the miles of land poisoned by fertilizers, the irretrievable damage to Siberian rivers, the silted-up Aral sea, the devastated plant and animal life in the Baikal, and thousands of similar problems.

But in fact, there had been no lack of warnings and danger signals. In the West, amid general indifference, Boris Komarov had published a work entitled "The Red and the Green", immediately qualified as slanderous by the Soviet authorities, yet they now confirm its accuracy. In their stories and novels, "peasant" writers such as Valentin Raspoutine, denounced plans to exploit Siberia, its villages flooded by gigantic dams, the destruction of an immense country abounding in wealth, and of its civilisation. Hardly anyone paid attention.

Even if it has not yet really sunk into minds or been confirmed by facts, the word ecology is now part of the soviet vocabulary. From the most "democratic" to the most "nationalist", every party, every small political group has put this question on their programme. For the "democrats", who could roughly be called "pro-western", the ecological battle is another way of linking up with Western democratic trends. They often have close connections with the German "Greens". As far as the "nationalist" russians are concerned, the ecological disaster is part of a larger framework of destruction: the destruction of moral values, of their homeland, of Russia, by the bolcheviks (when they don't blame the Jews).

The official attitude claims to be "internationalist". It can roughly be summed up as: we are different and we are a long way from doing away with our divergences. But we live on the same endangered planet. Let us shelve our quarrels and work together to save it. Ecology has become a sort of supra-value. In reality, total disorganisation reigns: the few real actions undertaken are inefficient, completely dwarfed besides the enormity of the problems involved, and often contradictory. On top of this, there is a cruel lack of financial means. As for the Western world, it can only help on a one-off basis. But in fact what the country needs urgently is an overall plan. In the meanwhile, everything continues to get worse.

The "blue towns" of the twenty-first century that Alexis Tolstoi described in the 1920's now seem buried in the grave of utopia.

7

Souleiman KADIBERDIEV • Kostroma

■ Seuls deux barrages en URSS sont équipés de systèmes de protection pour les poissons.

■ *Only two dams in the USSR are equipped with systems to protect fish.*

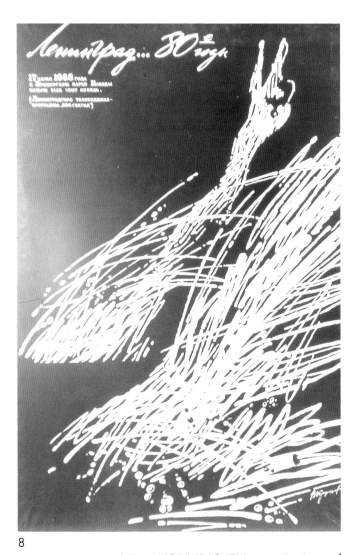

8

Victor KOUNDICHEV • Leningrad

« Léningrad des années 1980 »
■ Dans les années 1980, un cygne du Parc Maritime de la Victoire à Léningrad a été tué à coups de couteau. L'artiste a voulu ici exprimer la dégradation des mœurs de notre société.

"Leningrad in the 1980's"
■ *During the 1980's, a swan was knifed to death in the Leningrad Maritime Victory Park. The artist wants to symbolize the moral deterioration of contemporary society.*

9

10

Vladimir DOULOV   • Leningrad

■ L'affiche est dédiée à un Indien, Leonard Peltier : « Chacun a le droit de s'exprimer à travers sa culture. »
Celle-ci a reçu un 1er prix en Finlande en 1987.

■ *The poster is dedicated to an Indian: Leonard Peltier. In 1987, it was awarded First Prize in Finland.*

Alexandre FALDIN   • Leningrad

« Attention chute de feuilles »
■ La poussière et la boue dans les grandes villes transforment la chute des feuilles en pollution.

"Watch out for falling leaves"
■ *In large cities, dirt and mud transform fallen leaves into a pollution problem.*

Abdulaziz OUMAROV • Tachkent

■ Carte physique de l'URSS vue à travers une bouche d'égout du ministère des Eaux.

■ *Physical map of the USSR seen through a Water Department man-hole cover.*

Rachid AKMANOV • Leningrad

« La science soviétique a fait un grand pas en avant, même hors de la raison »
■ Allusion aux risques de mutations consécutifs à l'accident de Tchernobyl.

"Soviet science has taken a great step forward, even beyond the bounds of reason".
■ *Reference to the risk of mutation following the Chernobyl accident.*

Rachid AKMANOV • Leningrad

« Soyez les bienvenus dans notre région de mineurs (Etna, Keops...) »
■ Allusion aux nombreux terrils que l'on rencontre dans les régions minières.

"Welcome to our mining region"
■ *The artist compares the numerous slag-heaps of the mining regions to tourist attractions such as volcanos (Etna), the pyramids (Kheops) etc.*

Moscou s'affiche

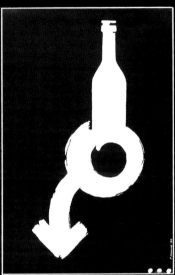

PROBLEMES SOCIAUX
PROBLEMS OF SOCIETY

PROBLEMES SOCIAUX

« On a peine à imaginer, écrivait Léon Tolstoï, l'heureuse transformation de notre vie, si les gens cessaient de s'abrutir et de s'empoisonner avec de la vodka, du vin, du tabac et de l'opium. » La lutte contre ces fléaux, on le voit, ne date pas d'hier ni même de la période soviétique. Ainsi, dès le XVIIIe siècle, les auteurs de « Louboks » (images populaires équivalant un peu à nos images d'Epinal) produisaient déjà une série sur les ravages de la boisson.

Tout au long de la période Brejnev, on dénonce l'absentéisme au travail pour raisons de « mal aux cheveux », et les problèmes familiaux engendrés par l'ivrognerie d'un père : difficultés financières, disputes et divorces.

Glasnost oblige (rappelons que la glasnost consiste à rendre public ce qu'on savait déjà mais qu'on ne disait pas), on reconnaît à présent que les femmes tâtent elles aussi de la bouteille, ce qui est un réel problème depuis une dizaine d'années, leur rôle consistant essentiellement, auparavant, à ramener le mari à la maison, après des soirées bien arrosées.

Si, au temps de Brejnev, la campagne anti-alcoolique était plutôt bon enfant, d'où une nostalgie aujourd'hui de cette époque bénie, celle des années Gorbatchev vise avant tout à faire peur. On ne plaisante plus, on parle de maladie et de mort. Même attitude à l'égard du tabagisme et de la drogue qu'on ne mentionnait jamais, naguère, en URSS, bien que le pays – surtout la jeunesse – fût directement concerné. Entre volonté d'effrayer et reconnaissance d'une réalité inquiétante, on évoque à présent les déficiences mentales des enfants nés de parents alcooliques. L'une des premières actions de Mikhaïl Gorbatchev en 1985, à peine deux mois après son élection au poste de Secrétaire Général, est la résolution sur les « Mesures permettant de vaincre l'ivrognerie et l'alcoolisme ». Du jour au lendemain, on ne trouve quasiment plus d'alcool dans le commerce. Malheureusement, cette décision volontariste et autoritaire ne s'accompagne pas de mesures de substitution : on ne propose rien aux Soviétiques pour remplacer leur drogue préférée. Les autorités de Moldavie, elles, prises d'un zèle effarant, anéantissent toutes les vignes de la région, qu'on s'efforce en vain de reconstituer aujourd'hui. Dans la population, la réaction ne se fait pas attendre. On se met à boire absolument n'importe quoi, depuis les produits de droguerie jusqu'aux alcools distillés à domicile à partir de tout ce qui tombe sous la main. La première conséquence est une pénurie de sucre à Moscou. Les alambics fleurissent, révélant tout le génie d'un peuple.

Si, apparemment, la campagne porte ses fruits (on ne voit presque plus de soiffards raides morts dans les rues), on s'aperçoit bientôt que la criminalité augmente : on trucide désormais tranquillement sa famille, sous l'effet du tord-boyaux qu'on s'est concocté soi-même. Et les problèmes de santé deviennent tels que les autorités sont peu à peu obligées de reculer.

Anne COLDEFY-FAUCARD

"It is hard to imagine how our lives would be changed for the better" wrote Leon Tolstoy, "if people stopped poisoning themselves and turning themselves into idiots through vodka, wine, tobacco and opium".

The struggle against these scourges isn't new, as we can see, nor does it date from the soviet period. In the eighteenth century, the authors of "Louboks" (popular prints depicting traditional scenes) had already published a series depicting the ravages wrought by drink.

Throughout the Brejnev period, absenteeism from work caused by "hangovers" was severely critized, as were family problems caused by the father's drunkeness: financial difficulties, quarrels and divorces.

Thanks to Glasnost (Remember that Glasnost means saying

publicly what everyone already knew, but no-one talked about), it is now admitted that women too hit the bottle, this has become a real problem in the last ten years; up to then, women's roles consisted mainly of bringing their husbands back home after an evening's heavy drinking.

During Brejnev's time, the campaign against alcohol was quite easy-going, hence the present nostalgia for the "good old days", but the aim of the Gorbatchev era is above all to strike fear into the public's heart. It's no longer a laughing matter, now it's a question of illness, of death. The same attitude is taken towards smoking ans drugs, which, not so long ago, were never mentioned in the USSR, even though the country – and it's youth – were considerably affected by these problems. Between the desire to scare and the acknowledgement of a disturbing reality, the problem of mentally deficient children born to alcoholic parents is now evoked.

One of the first things Mikael Gorbatchov did, scarcely two months after his election to the post as General Secretary, was to pass a resolution on "Mesures for overcoming drunkenness and alcoholism". Overnight, practically no alcohol was to be found in the shops. Unfortunately, this willful and authoritarian decision was not accompanied by substitution measures: the Soviet people were offered nothing in the place of their favorite drug. The Moldavian authorities even became alarmingly overzealous, destroying all the vines in the region. Nowdays, they are trying, in vain, to recreate them.

The population did not take long to react. Everything and anything was good for drinking, from domestic cleaning products to home distilled spirit made from whatever came to hand. The immediate result was a shortage of sugar in Moscow. Stills sprouted up everywhere, revealing the ingenuity of the people.

If it seems at first glance that this campaign has been successful (no longer do you see drunkards lying in the streets) it was soon apparent that criminality was on the increase: people were quite capable of calmly bumping off their own family under the influence of their home-made gutrot. And there were such tremendous health problems that the government has to give way little by little.

14

Natalia VERDI • Leningrad

« Le choix »

"The choice"

15

Vladimir GEOUK • Minsk

« Tu ne tueras pas » – mémoire éternelle à ceux qui luttent contre l'alcoolisme.
■ Evoque un tableau célèbre « Dans la taverne ». La table est couverte de produits d'entretien utilisés comme substituts de l'alcool.

"You shall not kill"– eternal memory to those who fight against drink.
■ *Parodies a famous painting "Unside the inn". The table is covered with household cleaning products used as subsitutes for alcohol.*

16

Boris ALIEV   • Leningrad

« Dans les griffes de l'alcool »

"Trapped by alcohol"

17

Serguei OUSTCHENKO   • Leningrad

« Boire ou être ! »
■ Silhouette d'un homme à terre esquissée
avec des bouteilles d'alcool.

"Drink or exist !"
■ *Outline of a man on the ground traced
by bottles of alcohol.*

18

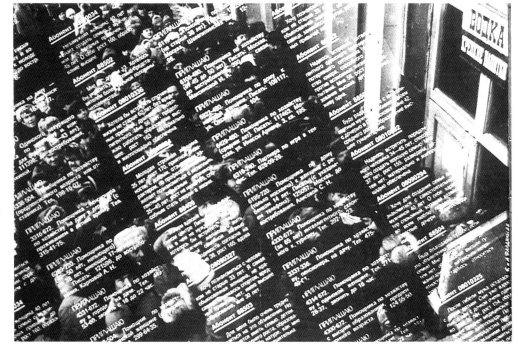

Svetlana FALDINA
Alexandre FALDIN • Leningrad

■ Petites annonces matrimoniales de jeunes femmes recherchant un mari, imprimées sur une photo où des hommes stationnent devant un débit de boissons.

■ *Small ads by young women looking for husbands, printed over a photo of men waiting outside a drinking establishment.*

19

Vladimir DOULOV • Leningrad

■ Le sida (AIDS)
Une flèche sur quatre...

■ *Aids*
One arrow out of four...

20

Rachid AKMANOV • Leningrad

« Alcool et sexualité »

"Drink and sex"

21

Rachid AKMANOV • Leningrad

« L'alcool »

"Drink"

22

23

Svetlana FALDINA   • Leningrad
Alexandre FALDIN

■ Etiquette de cognac sur une épaulette de
colonel. L'une et l'autre portent les mêmes
étoiles.

■ *Brandy bottle on a colonel's epaulette –
both have the same stars.*

Youri YOUDIN   • Pensa

■ Symbole masculin transperçant trois
« dames » (évocation du Sida).

■ *Male symbol that pieces three "queens"
(reference to AIDS).*

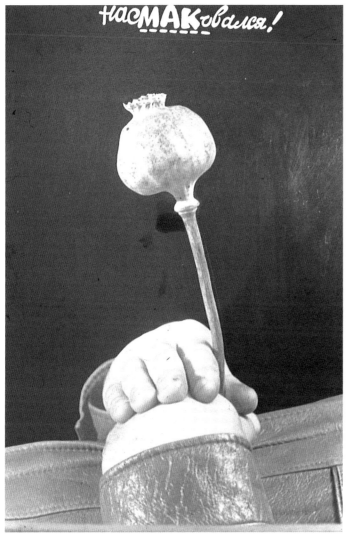

24

Alexandre LEKOMTSEV
Oleg STAYKOV

• Odessa

Fleur de Pavot (Mak en Ukrainien)
■ Le mot MAK en Ukrainien signifie : fleur de pavot ; l'expression complète exprime le plaisir, « prendre son pied » de manière commune.

Poppy flower
■ *The word MAK in Urkrainian means poppy flower. The complete expression conveys pleasure: "get your kicks" in everyday language.*

25

Alexandre FALDIN

• Leningrad

■ Fleur de pavot (opium) en forme d'hameçon.

■ *A poppy flower (opium) shaped like a fish-hook.*

35 ■

Nicolaï GANZALO   • Leningrad

« Sida »
■ Deux chapeaux qui symbolisent
l'homosexualité masculine.

"Aids"
■ *The two hats represent masculin
homosexuality.*

Rachid AKMANOV   • Leningrad

Amours tarifées
■ Un code-barre sur un porte-jarretelles :
recrudescence de la prostitution.

Fixed-Price Love
■ *A bar-code on a garter-belt: prostitution
is on the increase.*

Elena CHORINA   • Leningrad

**« Le certificat de mariage est le meilleur
moyen de protection contre le Sida »**

***"The marriage certificate is the best way
to protect yourself from AIDS"***

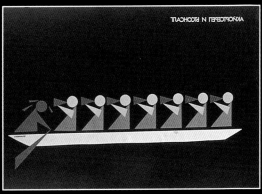

VIE QUOTIDIENNE
DAILY LIFE

VIE QUOTIDIENNE

« Les magasins sont toujours bondés : queue au comptoir, à la caisse, à l'emballage, partout... Le mécanisme bureaucratisé des coopératives de consommation est trop lent, trop dépourvu d'initiative, trop encrassé... Les bas salaires, les conditions détestables de logement, l'ignorance, l'alcoolisme, ont pour corollaire l'anti-sémitisme, dont on a signalé à maintes reprises les ravages dans le parti... » Ce texte qu'on croirait tiré d'un journal de la Pérestroïka a été écrit en 1929 par Panaït Istrati.

Pénurie, problèmes de logement, files d'attente, bureaucratie, lenteur, indifférence au bon fonctionnement des rouages du pays – tout reste valable aujourd'hui. De la fin des années 30 au début des années 90, l'URSS donne incontestablement une impression d'éternité. On « tape le carton » sur les lieux de travail, on boit, l'absentéisme règne en maître. La moindre initiative – si tant est que celle-ci soit encore possible – est immanquablement freinée, stoppée par la lourdeur administrative et un égalitarisme enraciné dans les esprits : le Soviétique moyen accepte de vivre mal, si tous sont logés à la même enseigne.

Si la pénurie qui sévit dans tous les domaines (les produits de première nécessité sont régulièrement absents des magasins ; le moindre trajet un peu long en voiture implique qu'on emplisse son véhicule de bidons d'essence et de roues de secours, à tout hasard ; on pourrait multiplier les exemples), si la pénurie, donc, n'est un mystère pour personne (les Soviétiques ne s'en cachent plus et les Occidentaux sont largement informés), on sait moins qu'elle s'accompagne d'un fantastique gaspillage : gaspillage des ressources naturelles, des investissements, gaspillage d'énergie. Rien n'appartenant en propre à quiconque, tout le monde se moque de tout, et c'est la gabegie. Cela va du gâchis de matières premières dans les usines, à l'électricité qui brûle des nuits entières dans les appartements et aux robinets jamais convenablement fermés, parce que les joints sont défectueux et que, de toute façon, l'eau ne coûte rien. A ces problèmes viennent aujourd'hui s'en ajouter d'autres. Non qu'ils soient nouveaux ; simplement, on les évoque à présent ouvertement. Parmi eux, la condition des femmes, la prostitution, les questions d'hygiène et de santé. Sur ce dernier point, l'affiche présentant la fidélité conjugale comme un remède-miracle contre le Sida relève presque de l'humour noir dans un pays qui semble ignorer l'existence des seringues jetables.

La locomotive de la révolution qui, d'après la chanson, fonçait sans s'arrêter jusqu'au terminus, la Commune (le communisme), paraît décidément bien poussive. Une blague circule d'ailleurs, en URSS, à propos de cette locomotive. Constatant qu'elle n'avance plus, Staline ordonne, pour régler le problème, de fusiller le mécanicien. Khrouchtchev propose à ses concitoyens de courir et sauter d'un bout à l'autre du train, afin de donner une impression de mouvement. Brejnev suggère pudiquement de fermer les rideaux dans les wagons ; ainsi, on ne se rendra plus compte que le paysage ne défile pas. Quant à Gorbatchev, il décrète que tous les passagers doivent quitter le train et, à son signal, crier en chœur : « Tout va mal, ça ne marche pas ! »

Pour conclure, cédons encore une fois la parole à Panaït Istrati qui terminait ainsi son livre, *Soviets 1929* : « Aux camarades de l'URSS, on ne peut dire qu'une chose : "Le péril est en vous !" Mais puisqu'il en est ainsi, c'est aussi, camarades, que le salut est en vous. Vous êtes encore les maîtres de votre destin. »

Anne COLDEFY-FAUCARD

"Shops are always packed: there are queues at the counter, queues at the cash-desk, at the wrapping-up counter, everywhere... The bureaucratic workings of the consumer cooperatives is too slow, it lacks iniative, is stifled... The consequence of low pay, appalling housing conditions, ignorance, drink, is antisemitism, and the ravages this has caused inside the party have been pointed out many times..." This text could well be taken from a newspaper in these days of Perestroika, but in fact it was written in 1929 by Panait Istrati. Shortages, housing problems, queues, bureaucracy, slowness, indifference to the smooth running of the country, these are still true today. From the end of the Thirties until the beginning of the Nineties, time seems to have stood still in the USSR. At work, cards are played, people drink, absenteeism rules supreme. The slightest iniative – supposing that iniative is still possible – is inevitably slowed down, halted by administative sluggishness and by the egalitarianism deep-rooted in people's minds: the ordinary

Soviet citizen accepts his poor standard of living, as long as everyone else is in the same boat. If the shortages that exist in every sphere (basic essentials are regularly missing in shops; the merest journey by car implies packing the vehicle full of gas cans and spare wheels, just in case; examples like these are legion) if these shortages are common knowledge (Soviets no longer try to hide them, and Westerners are well informed) it is less well known that they are accompanied by fantastic wastage: waste of natural resources, of investments, of energy. Nothing is anybody's private property, no-one cares, and chaos reigns. Raw materials are wasted in factories, electricity is left on all night long in appartments, faucets are never properly turned of because of bad washers, and because in any case, water is free.

On top of these problems, new ones have appeared. Not that they are really new; they are simply openly discussed now. Amongst them, the status of women, prostitution, questions on health and hygiene. As far as this last point is concerned, the poster that presents marital fidelity as a miracle cure for Aids is almost a sick joke in a country where throw-away syringes are virtually unheard of.

The Revolution's steam-engine, which according to the song was forging ahead without stopping until it reached the terminus – the Commune (Communism) – seems decidedly wheezy. In fact, there is a joke going round the USSR about this train. Stalin, seeing that the train had stopped, decided the best way to solve the problem was to order the driver to be shot. Khrushchev proposed that his fellow citizens run and jump from one end of the train to the other, to give the impression of movement. Brejnev discreetly suggested that the curtains be pulled in the carriages: that way, nobody would notice that the countryside wasn't passing by. As for Gorbatchev, he decreed that the passengers must get off the train and that, at his signal, they should shout in unison: "Everything has gone wrong! It doesn't work!"

In conclusion, let Panait Istrati have the last word. This is how he ended his book, Soviets 1929: "To the comrades of the USSR, we can only say one thing: "The danger is within yourselves!" But since it is thus, salvation also, comrades, is to be found within yourselves. You are still the masters of your destiny."

29

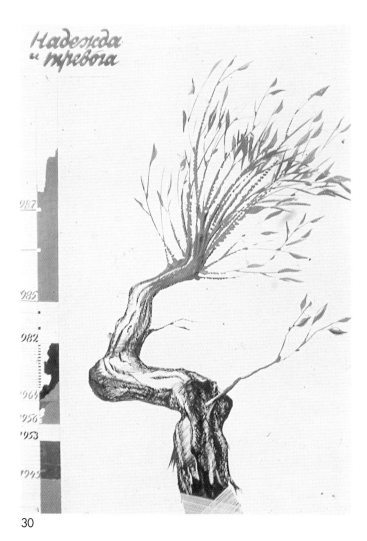

30

Vladimir FILIPPOV • Leningrad

« L'espoir et l'inquiétude »
■ Arbre généalogique de l'histoire contemporaine de l'URSS.
1917 : La Révolution.
1937-1940 : Les années noires.
1940-1945 : La guerre : l'URSS panse ses blessures.
1953 : Premier rameau d'espoir. Mort de Staline et avènement de Khrouchtchev.
1964-1982 : Stagnation et mort de Brejnev.
1985 : Epanouissement de la Perestroïka.

"Hope and anxiety"
■ *The family tree of present-day soviet history.*
1917: Revolution.
1937-1940: The dark years.
1940-1945: The first branch of hope. Dead of Stalin and accession of Khrouchtchev.
1964-1982: Stagnation and death of Brejnev.
1985: Blossoming of Perestroika.

■ 40

Farouk KAGAROV • Tachkent

Resolution
Revolution
■ En français comme en russe, les deux mots ne diffèrent que par une seule lettre.

Resolution
Revolution
■ *In Russian as in English, the two words differ by a single letter.*

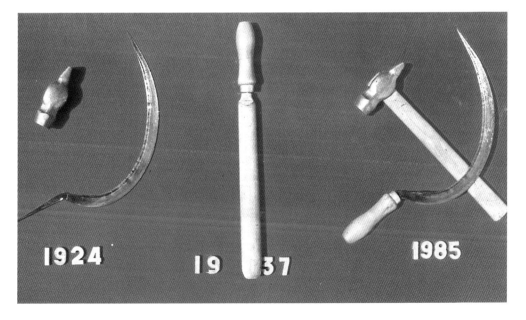

■ Trois dates-clés de l'histoire des Soviétiques :
1924 : Mort de Lénine.
1937 : Grande répression sous Staline.
1985 : Avènement de la Perestroïka.

■ *Three milestones in Soviet history:*
1924: Death of Lenin.
1937: Severe repression under Stalin.
1985: Arrival of Perestroika.

33

■ Une fable russe rapporte que le meilleur est dans le « dessus du panier ».

■ *A Russian legend says that the best is "on the top of the basket"*.

34

Michail TSVETOV   • Leningrad

« Le temps de la Stagnation »
■ Durant cette période (Brejnev) les magasins n'étaient ouverts que de 14 à 19 h.
Avec cette interrogation : « Trouverons-nous quelque chose à acheter ? »

"The Stagnation Period"
■ *During this time (Brejnev), shops were only open between 2pm and 7pm.*
With this question: "Will we find something to buy?"

Svetlana FALDINA
Vladimir DOULOV   • Leningrad
Alexandre FALDIN

■ Vieux proverbe russe selon lequel sept personnes mangent pendant qu'une seule travaille.

■ *According to an old Russian proverb there are seven people that eat for only one that works.*

Vladimir DOULOV   • Leningrad

■ Un œuf (pourri) sur un amas de roubles souligne ici les investissements improductifs dans l'agriculture.

■ *A (rotten) egg on a heap of roubles underlines unproductive agricultural investments.*

37

Souleiman KADIBERDIEV • Kostroma

« Bonjour, ma jolie ville »
■ Paroles d'une chanson célèbre des années 1950 en URSS, reprises aujourd'hui pour dénoncer la pénurie de viande et de charcuterie.

"Hello, my pretty town"
■ *The words of a song popular in the USSR during the fifties. They are used here to condemn the shortage of meat and pork products.*

38

Kamil KASSANCHIN • Tachkent

« La Chute »
■ Le mot « ВАΛ » caractérise en URSS la politique économique durant la période de la Stagnation (Brejnev) : des projets et des plans gigantesques mais d'une esthétique et d'une qualité médiocres.

"The Fall"
■ *"ВАΛ" characterizes the USSR economic policy during the stagnation period (Brejnev): giant projects and plans but of poor quality and unattractive.*

Rachid AKMANOV • Leningrad

« Le Talent »
■ Disproportion entre le sens des affaires exprimé en anglais (le mot talent écrit avec des dollars) et en russe (avec un unique rouble).

"Talent"
■ Disporportion between business sense in English (dollars) and in Russian (roubles).

Olga SEMENOVA • Leningrad

■ Sans paroles

■ No caption

41

42

Natalia VERDI   • Leningrad

« Bonne fête chères dames »
■ Pendant les longues années du pouvoir soviétique, les conditions de travail des femmes ont peu changé. Aujourd'hui encore les femmes travaillent dans les mines, sur les routes ou chargent les wagons.

"Happy anniversary dear ladies"
■ *Women's working conditions have scarcely changed throughout the long years of soviet government. Even today, women still work in mines, on the roads and load trucks.*

Alexandre FALDIN
Svetlana FALDINA   • Leningrad

■ Evocation d'une affiche datant de 1937 où un homme et une femme symbolisaient le travail en URSS.
En remplaçant l'homme par une femme, on a voulu montrer que de nos jours, c'est sur elles que repose le travail en URSS.

■ *A parody of a 1937 poster where a man and a woman symbolised the Soviet workforce.*
The artist has made a mockery of the original in order to stress that nowdays women do all the work in the USSR.

Alexandre FALDIN   • Leningrad

■ Jouer aux dominos sur le lieu de travail, c'est perdre son temps, son salaire... et son emploi ?

■ *Playing dominos at work means a loss of time, money... and perhaps the job?*

Viatcheslav   Leningrad-Na
LOUBIMOV   •   Petrodvorets

« Vous ne savez pas ce que vous créez »
■ L'URSS d'aujourd'hui est un serpent qui se mord la queue dans des conflits internes : économiques, religieux, nationaux.

"You know not what you create"
■ *The USSR today is a snake that is eating its own tail because of its internal economic, religious and national conflicts.*

45

46

Alexandre FALDIN　　　• Leningrad

« **Sauvegardez-le !** »
■ Pièce d'un rouble sur fond d'horloge (le temps c'est de l'argent).

"Save it!"
■ *A rouble coin on a clock face (time is money).*

Vladimir DOULOV　　　• Leningrad

« **Perestroïka** »
■ Perroquet qui roule les R (2 PP au lieu d'un) perché sur le caractère § (paragraphe) image de la bureaucratie.

"Perestroika"
■ *A parrot who rolls his R's (2 P's instead of one) is perched on the character § (paragraphe) which represents red-tape.*

47

48

Anatoli YOUSAROV   • Leningrad

■ Durant la Révolution, une chanson commençait par ces paroles : « Notre locomotive à vapeur est lancée en avant. » L'adjonction du point d'interrogation renforce le rôle d'entrave du trombone, symbole de la bureaucratie.

■ *"Our steam-engine is forging ahead"*
The opening words of a song during the Revolution.
The question-mark emphasizes the role of the paper-clip, symbol of bureaucracy.

« **La bureaucratie est l'ennemie de la Perestroïka** »

"Bureaucracy is the enemy of Perestroika"

49

Natalia VERDI • Leningrad

■ On parle beaucoup de l'agriculture mais
on ne l'aide pas.

■ *Agriculture is talked about a lot, but
nothing is done to help it.*

50

Kamil KASSANCHIN • Tachkent

« **Plan d'approvisionnement alimentaire
pour la période s'étendant jusqu'en 1990** »
« **Assemblée pléniaire du Comité Central
du Parti Communiste** »
■ La pierre tombale sous-entend ce constat
d'échec.

*"Food supply plan for the period covering
up to 1990"*
*"Communist Party Central Committee
Plenary Assembly"*
■ *The tomb-stone implies
acknowledgement of failure.*

 НОВОЕ -
ЭТО ХОРОШО
ЗАКОНСЕРВИРОВАННОЕ
СТАРОЕ .

Vladimir DOULOV   • Leningrad

« La nouveauté est souvent du "bon ancien" mis en conserve »
■ Allusion à tout ce qui aujourd'hui est à nouveau toléré : la religion, l'économie de marché, la liberté...

"Novelties are often canned 'good old things"
■ *Reference to everything that is tolerated again today: religion, market economy, freedom...*

Alexandre FALDIN
Serguei AKMANOV   • Leningrad

« Bon anniversaire Komsomol »
■ Les Jeunesses Communistes, les Komsomols, ont été fondées en 1918. Cette affiche a reçu un prix en URSS, et on ne s'est pas rendu compte, alors, de l'ironie qu'il y avait à exalter la jeunesse en se servant d'un visage de vieille femme coiffée du foulard traditionnel des Komsomols.

"Happy Birthday Komsomol"
■ *The Communist Youth Movement, the Komsomols, were founded in 1918. This poster was awarded a prize in the USSR. But in fact, they hadn't realised the poster's irony: to glorify youth, the artist has used the face of an old woman wearing the traditional Komsomol headscarf.*

С ДНЕМ РОЖДЕНИЯ, КОМСОМОЛ!

ПРОБЛЕМ СЕЙЧАС
ДОСТАТОЧНО В СТРАНЕ,
НО ЭКОНОМЯ
НА РАЗВИТИИ КУЛЬТУРЫ,
ТЕРЯЕМ МЫ
ВДВОЙНЕ, ВТРОЙНЕ...
ОТ БЕЗДУХОВНОСТИ,
НЕВЕЖЕСТВА,
ХАЛТУРЫ.

МИНИСТЕРСТВО
КУЛЬТУРЫ
СССР

53

54

IVANOV

« Le gouvernement fait des économies
sur la Culture. Nous y perdons notre
spiritualité et devenons ignorants »
■ L'affiche présente le ministère et la Muse
de la Culture tendant les mains au passant.

*"The government cuts back its spending
on Culture. We are losing our spirituality
and becoming ignorant"*
■ *The Ministry of Culture and its Muse are
represented asking passers-by for charity.*

« En matière de ballet nous sommes les premiers au
monde »
■ Le tutu de la ballerine est constitué de tickets de
rationnement pour le sucre, le savon, la lessive, la
viande, le thé, le beurre... L'affiche tourne en dérision le
ballet incessant que les Soviétiques sont obligés de
pratiquer pour obtenir des denrées de première nécessité.

"As far as ballet is concerned, we lead the world"
■ *The ballerina's skirt is made up of ration tickets for
sugar, soap, washing powder, meat, tea, butter... The
poster mocks the perpetual ballet that Soviet citizens
have to enact in order to obtain basic necessities.*

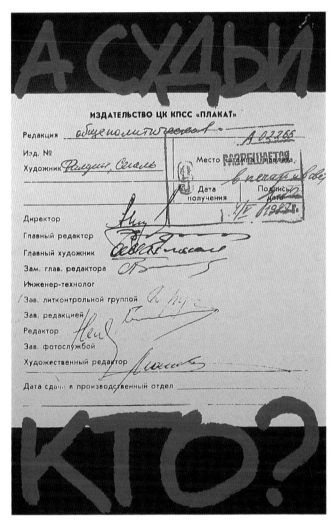

55

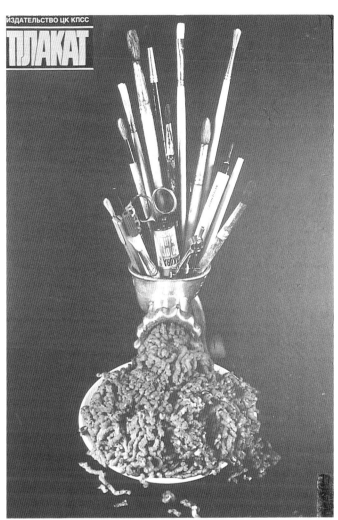

56

Alexandre FALDIN • Leningrad

« Qui est capable de juger ? »
■ L'artiste qui expose est soumis à de multiples autorisations. L'affiche reproduit le certificat qui doit être apposé au dos de chaque œuvre.

"Who is capable of judging?"
■ *An artist who exhibits his work has to obtain numerous authorisations. The poster shows the certificate which must be attached to the back of each work.*

Svetlana FALDINA
Alexandre FALDIN • Leningrad

■ Diatribe de l'artiste contre les entreprises qui éditent ses affiches. Le mot Plakat (affiche) figure dans la raison sociale de plusieurs maisons d'édition soviétiques.

■ *The artist denounces the publishers of his posters.*
The word Plakat (poster) appears in the name of several soviet publishing houses.

57

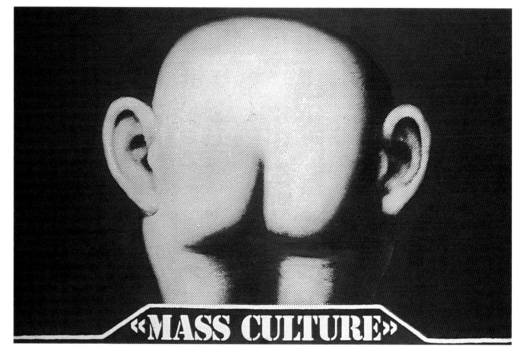

Alexandre FALDIN
Alexandre SEGAL   • Leningrad

■ Culture de masse

■ *Mass Culture*

58

Alexandre FALDIN
Alexandre SEGAL   • Leningrad

« **Culture de Masse** »
■ Représentée par une Gorgone, monstre mythologique à la chevelure de serpents.

"*Mass Culture*"
■ *Portrayed by a Gorgon – a mythological monster with snakes as hair.*

59

Igor GORIANINOV • Nikopol

« Il faut éliminer le Koulak comme la bourgeoisie »
■ Les paysans riches (Koulaks) ont été les premières victimes des purges soviétiques.

"We must get rid of the Koulaks like the bourgeoisie"
■ *The wealthy farmers (Koulaks) were the first victims of the soviet purges.*

60

Vladimir DOULOV • Leningrad

« Etre ou ne pas être »
■ A quoi cela sert-il d'aller dans l'espace si nous risquons d'y perdre notre culture.

"To be or not to be"
■ *What is the use of going into space if it means we are to lose our culture.*

ЕСТЬ ТАКАЯ ПАРТИЯ

61

Serguei CHAKOUNOV • Sebastopol

« Le parti est ainsi »
■ Phrase de Lénine sur le Parti au pouvoir
dont il était le chef. Si en russe on élimine
la quatrième lettre, le sens devient
« mange ». (Seul le Parti mange...).

"Thus is the party"
■ *Lenin's comment on the Party in power
which he himself led.
In Russian, if you take out the fourth letter,
the word means "eat". Only the Party
eats...*

62

Mikail GORDON • Leningrad

« N'abuse pas... »
■ Carte de rationnement permettant aux habitants de
Leningrad de recevoir chaque mois : 250 g de
beurre, 1 kg de farine, 1 kg de viande, 250 g d'huile,
etc. Après soixante-treize ans de régime communiste
ces mêmes habitants subissent encore les normes
datant de la dernière guerre.

"Don't overindulge..."
■ *Ration card permitting Leningrad's inhabitants
monthly allowances of: 8 ozs. butter, 2 lbs. flour, 2
lbs. meat, 8 fl. ozs. oil, etc. After seventy-three years
of a communist regime, these same inhabitants are
still subject to norms dating from the last war.*

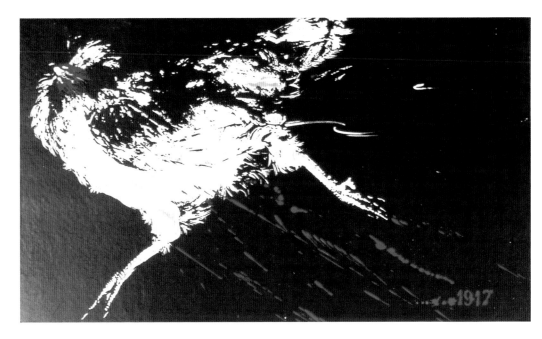

63

Grigori EGOROV • Leningrad

« 1917 »
■ Notre pays court comme un coq à qui on a coupé la tête.

"1917"
■ *Our country runs on like a cock whose head has been cut off.*

64

Guennadi CHLIKOV • Nikopol

« Est-il facile d'être jeune ? »
■ Non, car les jeunes supportent aujourd'hui le poids des absurdités de la vie soviétique.

"Is it easy to be young?"
■ *No – nowdays youth bears the burden of the absurdities of Soviet life.*

65

Oleg TIMOCHIN　　　• Tachkent

« Il est temps d'avoir une personnalité »
■ L'un des thèmes d'action de la Perestroïka est de développer l'initiative individuelle.

"It's time to have a personality"
■ *One of Perestroika's active themes is to develop individual initiative.*

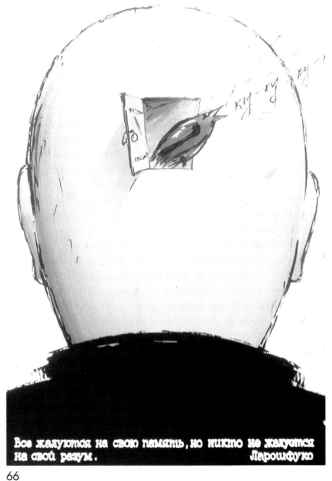

66

Mikail TSVETOV　　　• Leningrad

« Tout le monde se plaint de sa mémoire mais personne ne se plaint de son intelligence »
La Rochefoucault

"Everyone complains about their memory, but no-one complains about their intellect"
La Rochefoucault

Serguei OUSTCHENKO • Leningrad

« Maïakovski », Poète, 1893-1930.
■ Ne voyons pas la vie en rose.

"Maiakovski", Poet, 1893-1930.
■ *Don't look at life through rose-colored glasses.*

Vasily POTAPOV • Leningrad

« Perestroïka et Glasnost »
■ Un seul travaille pendant que les autres donnent des ordres.

"Perestroika and Glasnost"
■ *Only one worker for seven that give orders.*

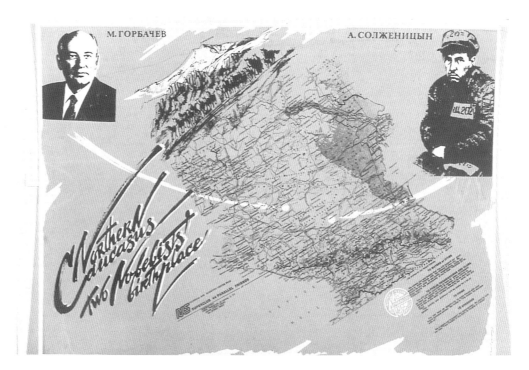

Alexandre PLOUGENIKOV
Youri LOGATCHEV   • Piatigorsk
Alexandre ROUBETS

**« Le Nord du Caucase a donné naissance
à deux Prix Nobel : Gorbatchev et
Soljenitsyne »**
■ La même terre pour deux destins
différents.

*"The Northern Caucasus was the
birthplace of two Nobel Prize-winners:
Gorbachev and Solzhenitsyn"*
■ *The same land but two different
destinies.*

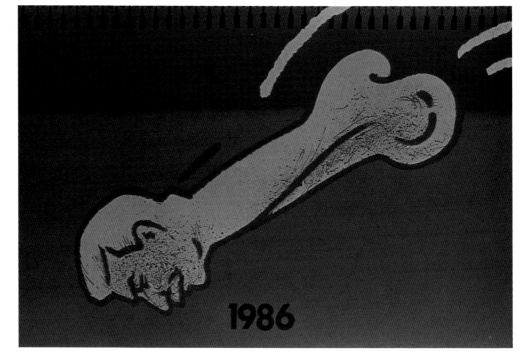

Mikail TSVETOV   • Leningrad

■ Depuis 1986, le Pouvoir (symbolisé par
l'enceinte du Kremlin) lance Staline en
pâture à la foule pour lui faire oublier ses
problèmes.

■ *Since 1986, the government (symbolized
by the Kremlin Walls) has been throwing
Stalin like a bone for the masses to chew,
hoping they will forget their problems.*

71

Kamil KASSANCHIN • Tachkent

« La nouvelle politique économique »
■ Dialogue entre un « grand » chef et des « petits » chefs, la main en noir exprime ici un geste de dérision signifiant « passons aux actes ».

"The New Economic Policy"
■ *Dialogue between a "big" boss on top and "little" bosses at the bottom, disrupted by a black hand whose mocking gesture means "Lets act now".*

72

Souleiman KADIBERDIEV • Kostroma

« ...Tempête ! La tempête va éclater ! »
■ Le Pouvoir ballotté du Président de l'URSS symbolisé par un bateau dont la cheminée représente la tribune du Congrès des Députés du Peuple.

"... Storm! The storm is about to brake!"
■ *The USSR President's power is tossed about like a boat in a storm – it's funnel is represented by rostrum of the Congress of the People's Representatives.*

73

74

Youri MOLOTKOVETS   • Leningrad

« **Soyez les bienvenus !** »
■ Le char d'où Lénine a proclamé la Révolution est décoré de publicités pour des produits venus d'Occident. Leningrad veut rejeter le souvenir de la Révolution d'Octobre, vivre et travailler normalement et surmonter la misère qu'elle a apportée.

"Welcome!"
■ *The tank from which Lenin declared the Revolution is covered with foreign advertisements.*
Leningrad wants to throw off the responsibility of the October Revolution, and to overcome the misery it brought in order to live and work normally.

Souleiman KADIBERDIEV   • Kostroma

« **Impasse** »
« **Arrête la voiture si tu es dans une impasse** »
■ Il faut que l'URSS arrête la voiture pour comprendre où elle en est. Ce n'est qu'après qu'elle pourra à nouveau avancer.

"Dead-end street"
"Stop the car if you are in a dead-end street"
■ *The USSR must stop its car in order to find out its position. Only then can it progress once again.*

75

Alexandre FALDIN
Vladimir DOULOV

• Leningrad

**Sur la route de Vilnius : prochaine
station 895 km...**

*On the road to Vilnius : next gas station
895 kilometers.*

76

Rachid AKMANOV

• Leningrad

Carte du réseau routier en URSS.

Road map of the USSR.

Leonid KAMINSKI • Leningrad

« **L'erreur est humaine** » (écrit avec plusieurs fautes d'orthographe).

*"**The error is humain**" (written with several spelling mistakes).*

Alexandre FALDIN • Leningrad

« **Et nous ?** »
■ Modèle de poumon artificiel rempli d'oxygène et utilisé dans les hôpitaux soviétiques.
L'artiste y a dessiné les mots : Démocratie, Perestroïka et Glasnost.

*"**What about us?**"*
■ Example of a oxygen-filled artificial lung used in Soviet hospitals.
On it, the artist has drawn the words: Democracy, Perestroika and Glasnost.

Alexandre FALDIN • Leningrad

■ Allégorie sur le thème du chêne et du roseau :
Suprématie de la puissance économique japonaise face à la puissance militaire de l'URSS.
Au second degré : les Soviétiques ont gagné la guerre mais perdu l'économie, les Japonais ont perdu la guerre mais...

■ *Allegory on the oak and the reed: Japan's economic supremacy against Russian's military power. Insinuating that the Soviets won the war but lost the economic battle, the Japanese lost the war but...*

Elena CHORINA • Leningrad

« Un coup, encore un coup ! »
■ Evoque la suppression, dans la constitution, du chapitre accordant des privilèges au Parti Communiste dans la conduite du pays.

"*Beat it, beat it again!*"
■ *Refers to the suppression of the chapter in the constitution that gave the Party Communist a privileged position in the running of the country.*

81

Valeri ZAVIALOV
• Leningrad

« **Pour la maison commune européenne** »
■ Un des leitmotiv politique de Mickael Gorbatchev : Un espoir pour chaque Soviétique.

"To a shared European home"
■ *One of Mihael Gorbachev's political leitmotivs: Hope for every Soviet citizen.*

82

Victor SOITOU
• Leningrad

« **Perestroïka** »
■ La reconstruction annoncée par Gorbatchev arrivera-t-elle à son terme ?

"Perestroika"
■ *Will Gorbatchov's announced reconstruction ever be carried through to the end?*

83

Svetlana FALDINA
Alexandre SEGAL
• Leningrad

« **Pour avancer dans la Révolution** »
Vers de Maïakovski
■ Carte du Parti Communiste lessivée et mise à sécher.

"To progress in the Revolution"
Poem by Maiakovski
■ *Party Communist Card washed and hung up to dry.*

84

Serguei OUSTCHENKO
• Leningrad

■ Glasnost et Perestroïka combattant la main statufiée qui étouffe la liberté.

■ *Glasnost and Perestroika fight against the statue of a hand crushing freedom.*

ПУСТЬ ЗДРАВСТВУЕТ ПЛЮРАЛИЗМ!

LES VALEURS
VALUES

LES VALEURS

Après le triomphe, durant plusieurs décennies, du principe : « est moral ce qui sert la révolution et le communisme », la « Sincérité » devient le maître mot de la déstalinisation. A l'instar d'Alexandre Soljenitsyne, les intellectuels appellent à ne plus vivre dans le mensonge.

A la période Khrouchtchev succède l'ère Brejnev, marquée par une reprise en main, la liquidation progressive de la dissidence et une incroyable dégradation morale de la société : on ne croit plus aux « poncifs » de l'idéologie, on ne croit plus à rien. La corruption, la violence règnent, toutes les classes d'âge, toutes les couches sociales sont désaxées.

Si la Pérestroïka gorbatchévienne veut tenter de résoudre les problèmes économiques, elle vise également d'emblée à lutter contre la crise morale, à restaurer des valeurs. Les nouveaux dirigeants n'ignorent pas qu'il y va de la survie du pays. Des mots jusqu'alors bannis du lexique sont soudain repris en chœur par la presse, les médias, les discours officiels. C'est ainsi que les « valeurs spirituelles » succèdent à la « scientificité », que les expressions « valeurs morales », « humanisme », « valeurs universelles » remplacent « l'objectivité », la « dictature du prolétariat » et « l'impérialisme ». Au « Top cinquante » du vocabulaire nouveau, le mot « conscience » occupe actuellement la première place. Fait remarquable, cette notion de conscience morale est très souvent associée au nom d'Andreï Sakharov qui, contesté de son vivant, est devenu, depuis son décès brutal, le symbole de l'intellectuel honnête, incorruptible.

La remoralisation de la société passe par une libéralisation de l'attitude des autorités à l'égard de la religion et de l'Eglise. Noël et Pâques sont désormais fêtés quasi officiellement, des du Parti se font baptiser, on ne confisque plus les Bibles et les cloches des églises moscovites sonnent à nouveau. Force organisée et pourvue de quelques moyens, l'Eglise orthodoxe est encouragée dans ses œuvres caritatives : aide aux personnes âgées, aux malades, aux plus démunis...

Du point de vue de l'éducation religieuse, la tâche est abyssale. L'idéologie a si bien fait table rase dans ce domaine que l'immense majorité se révèle d'une redoutable ignorance. Dans ce désert spirituel, la revalorisation de l'Eglise et de la religion poursuit un but rigoureusement pratique : doter la population d'un code moral minimum, de quelques principes de base.

Les affiches réalisées sur le thème des Dix Commandements sont l'illustration parfaite de la situation. Il est frappant que les deux Commandements les plus fréquemment choisis soient : « Tu ne tueras point » et « Tu ne te créeras point d'idoles », « Aime ton prochain comme toi-même » ne venant que loin derrière. C'est un peu comme si l'on voulait à la fois entretenir la mémoire du passé et poser quelques garde-fous pour l'avenir. Le tout traité d'une manière tantôt « laïque » (avec des allusions très claires à l'histoire de l'URSS), tantôt dans le plus pur style des images pieuses d'antan. D'un conformisme l'autre ?...

Faut-il, dès lors, s'étonner que le pays tout entier se passionne aujourd'hui pour les guérisseurs, les sectes et les soucoupes volantes ?

Anne-COLDEFY-FAUCARD

After the belief "all is moral that serves the revolution and communism" had prevailed for several decades, "sincerity" became the key-word of destalinisation. Following Alexander Solzhenitsyn's example, intellectuals demand that their life should no longer be lived as a lie.

The Khrushchev period gave way to the Brejnev era, which was marked by a tightening of the reins, the progressive elimination of all dissidents and the incredible moral decline of society: people no longer believe in the ideological "clichés", they no longer believe in anything. Corruption and violence prevail, destabilizing all age-groups and all social layers.

If Gorbatchev's perestroika wants to try to resolve the economic problems, it also aims to fight this moral crisis at once, and to restore values. The new leaders are aware that the country's survival depends on this issue. Words hitherto banned from the glossary have suddenly been taken up in chorus in the press, the media, the official speeches. In this manner, "spiritual values" have taken over from "scientificism", and expressions such as "moral values", "humanism", "universal values" replace "objectivity", the "dictatorship of the proletariat" and "imperialism". The word "conscience" is number one in the "hit parade" of the new vocabulary. What is remarkable is that this idea of moral conscience is very often associated with the name of Andrei Sakharov; he who was so very controversial in his lifetime, since his sudden death has become the symbol of the honest, uncorruptable intellectual.

Society's moral values are being re-established by virtue of a more liberal attitude of the authorities towards religion and the Church. Christmas and Easter are now celebrated almost officially, Party members are baptised, Bibles are no longer confiscated and Moscow church bells ring out once more. The Orthodox Church, well organised and possessing a certain wealth, is encouraged in it's charity work: aid to the elderly, the sick, the underpriviliged...

As for religious education, the task is bottomless. Communist ideology has made such a clean sweep in this field that the immense majority are formidably ignorant. In this spiritual desert, the reassertion of the Church and religion has a strictly practical goal: to provide the population with a basic moral code, with a few principles.

The posters that illustrated the theme "The Ten Commandments" are a perfect example of this situation. It is striking that the two commandments most often used are: "Thou shalt not kill" and "Thou shall not create idols". "Love thy neighbour as thyself" is left far behind. It is as though it is necessary both to keep alive the memory of the past and also the establish guide-lines for the future. The posters are treated either in a "lay" fashion (the allusions to Soviet history are very clear) or inspired directly by the holy pictures of yesteryear. From one conformity to another?...

Should we be surprised then, to find that the whole country today is fascinated by faith-healers, sects and flying saucers?

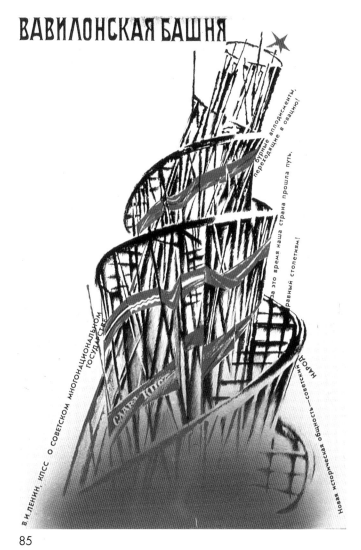

ВАВИЛОНСКАЯ БАШНЯ

85

Natalia VERDI • Leningrad

■ L'illustration établit un parallèle entre la Tour de Babel et la Tour de l'International dessinée par Vladimir Tatlin en 1920. Le jeu de l'image démontre que dans un cas comme dans l'autre on aboutit au chaos.

■ *The poster draws a parallel between the Tower of Babel and the International Tower designed by Vladimir Tatlin in 1920. The picture shows that in both cases the result was disastrous.*

СОВЕСТЬ 90

86

Tadeus LEWANDOWSKI • Paris

« Conscience »
■ Symbolise l'URSS de nos jours, un pays couvert de sang : TBILISSI, BAKOU, KARABAKH, FERGANA, LITHUANIE. Qui sera le suivant ?

"Conscience"
■ *Symbolizes the USSR today, a country covered in blood: TBILISSI, BAKOU, KARABAKH, FERGANA, LITHUANIA, who will be next?*

87

88

Alexandre ROUBETS   • Piatigorsk

« Le traité de l'URSS »
■ Si les Républiques refusent de le signer,
le fauteuil du Président tombera.
Il balance déjà.

"The treaty of the USSR"
■ *If the Republics refuse to sign it, the*
President's chair will topple. It's already
rocking.

Nikolaï BONDARENKO   • Chakti

« 9 avril 1989 »
■ N'oublie pas le sang de Tbilissi.

"9th April 1989"
■ *Don't forget the blood of Tbilissi.*

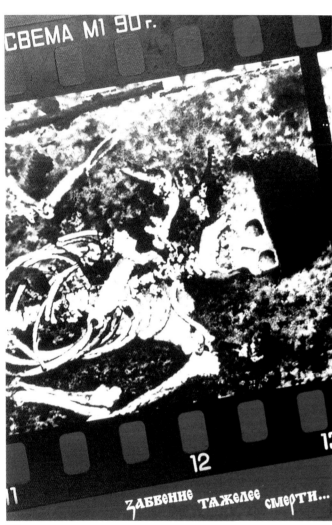

89

Valéri RIBALTCHENKO • Rostov-Na-Donou

« L'oubli est pire que la mort »
■ Pendant quarante-cinq ans on a considéré comme traître la Deuxième Armée commandée par le Général Vlassov durant la Deuxième Guerre mondiale. On a trouvé récemment dans les forêts de Novgorod les restes de plusieurs milliers de soldats appartenant à cette division.

"To be forgotten is worse than death"
■ *For forty-five years, the Second Army, commanded by General Vlassov during the second world war, were considered traitors. Recently, the remains of several thousand soldiers belonging to this division have been found in the Novgorod forests.*

90

Neonela LESTCHINSKAÏA • Leningrad

« Ne tue pas ! »
■ Cette supplique s'adresse à la Mort afin qu'elle ne se manifeste pas en cette année 1991.

"Do not kill!"
■ *This entreaty is addressed to Death, asking it not to show itself in 1991.*

Vladimir GRISTCHENKO • Khmelnitski

« Ne crache pas sur ton ami »
■ Illustration consacrée aux épouses dont les maris ont été tués dans les camps de concentration soviétiques. Combien sont-ils de millions à avoir péri ? On ne le sait toujours pas.

"Don't speak ill of your friend"
■ *Painting dedicated to wives whose husbands were killed in Soviet concentration camps. How many millions died ? We don't know the answer even today.*

Valentina et Victor DOROKHOV
• Rostov-Na-Donou

« Aucune idée ne vaut une larme d'enfant »
■ Citation de Dostoïevski que Lénine détestait.

"No idea is worth a child's tear"
■ *A quotation from Dostoevski that Lenin greatly disliked.*

93

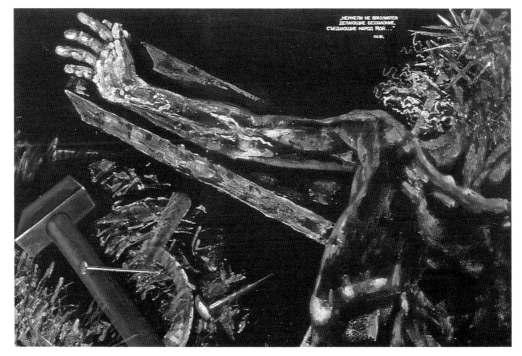

Serguei PRIKASTCHIKOV   • Pensa

« S'arrêteront-ils un jour ceux qui
dévorent mon peuple ? »
■ Jésus-Christ face aux symboles du
communisme.

*"Will they stop one day, those who devour
my people?"*
■ *Jesus Christ faced with the symbols of
Communism.*

94

Viatcheslav LOUBIMOV   • Leningrad

« Ne te crée pas d'idole »
■ Il ne faut rechercher d'idole ni parmi les
martyrs ni parmi ceux qui ont reçu des
lauriers.

"Don't create idols"
■ *Don't look for idols either amongst
martyrs or amongst those crowned with
laurels.*

95

Vladimir FILIPPOV • Leningrad

« Selon les choix de ses habitants, cette terre peut devenir un désert »
■ Le Christ observe le désert jonché des restes des symboles de l'URSS.

"According to what its inhabitants do with it, this land could become a desert"
■ *Christ surveys the desert littered with the remains of Soviet symbols.*

96

Valeri KOLESNIKOV • Chakti

« Tu n'aùras pas d'autre Dieu que moi »
■ Jésus-Christ dissimule les symboles de la Russie soviétique.

"You shall have no other God but me"
■ *Jesus Christ hides the symbols of Soviet Russia.*

Не сотвори себе
кумира

97

Valeri KOLESNIKOV   • Chakti

« **Ne nous créons pas d'idole** »
■ Pour beaucoup de Soviétiques, les tragédies de ces soixante-dix dernières années sont liées au nom de Lénine.

"Don't let us create idols"
■ *For many soviet people, Lenin's name is linked to the tragedies of the last seventy years.*

ЗАПОВЕДЬ НОВУЮ
ДАЮ ВАМ –
ЛЮБИТЕ ДРУГ ДРУГА, КАК Я ВОЗЛЮБИЛ ВАС

98

Gueorghi RACHKOV   • Leningrad

**Je vous donne un nouveau testament :
« Aimez-vous les uns les autres comme je vous ai aimés »**
■ Saint-Suaire reproduisant l'image du Christ.

I give you a new testament: "love each other as I have loved you"
■ *The Holy Shroud shows Christ's image.*

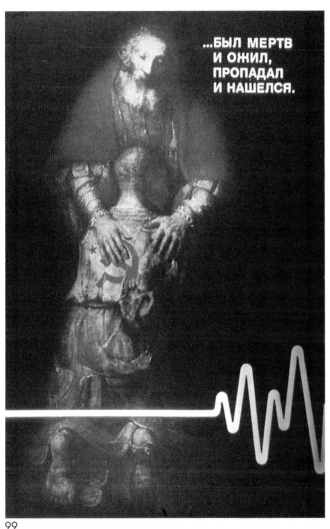

99

Youri MIKAÏLOV   • Leningrad

« **Il était mort**
  Il est devenu vivant.
  On le croyait disparu
  On l'a retrouvé. »
■ Transposition d'un tableau de Rembrandt « le retour du fils prodigue » : l'URSS doit retrouver Dieu pour être sauvée.

"He was dead
 He is alive again.
 We thought him lost
 We have found him again."
■ *Based on "The Prodigal Son" by Rembrandt: the USSR must find God again if it wants to be saved.*

100

Anatoli TANEL   • Rostov-Na-Donou

« **Sauve-moi, mon Dieu** »
■ L'ombre des clous de la crucifixion de Jésus-Christ dessine la date de 1917.

"O God, save me"
■ *The shadow from the nails of Christ's crucifixion forms the date 1917.*

101

102

Alexandre PLOUGENIKOV
Youri LOGATCHEV   • Essentouki
Alexandre ROUBETS

«Je vous donnerai un nouveau testament»
■ L'image du Christ est recouverte par la photo de Lénine qui a détourné les règles de la morale de l'Etat.

"I will give you a new testament"
■ Christ's image is covered by Lenin's photo. Lenin has over – turned the state's moral rules.

Svetlana FALDINA
Alexandre FALDIN   • Leningrad

« La religion est l'opium du peuple »
Marx

■ Le portrait de Lénine est ici partiellement traité à la manière d'une icône.

"Religion is the opium of the people"
Marx

■ Lenin is partially portrayed here as an icon.

103

Nikolaï VOLOKO • Pensa

« Je vous donne un nouveau testament »
■ Exprime les bases fondamentales de la morale dans la vie de l'homme.

"I give you a new testament"
■ *Expresses the moral foundations on which man's life is based.*

104

Ibraguimov RAFKAT • Pensa

« Nous ne devons pas nous intéresser à ce que font les autres. Nous devons comprendre notre peuple qui est touché par une maladie affreuse et prier Dieu pour qu'il nous apporte la guérison et la raison pour agir. » A. Soljenitsyne
■ Soljenitsyne et Sakharov ont été les premiers à s'élever contre la dictature et le mensonge du Parti.

"We mustn't concern ourselves with life outside our country. We must understand our own people who are suffering from a terrible illness and pray to God that he brings us relief and a reason to act." A. Soljenitsyne
■ *Solzhenitsyn and Sakharov were the first to rise up against the Party's lies and dictatorship.*

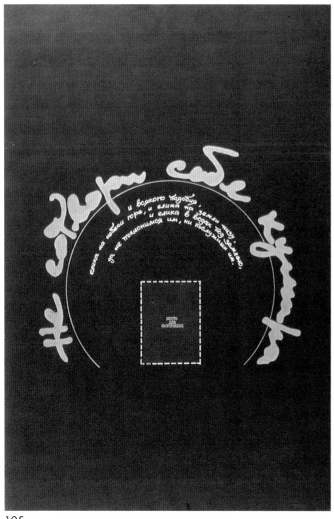

105

Alekseï IVANOV   • Chakti

« **Ne te crée pas d'idole** »
■ Dans l'auréole on a aménagé une place pour une photo d'identité.

*"**Don't create idols**"*
■ *Inside the halo is a space left for an identity photo.*

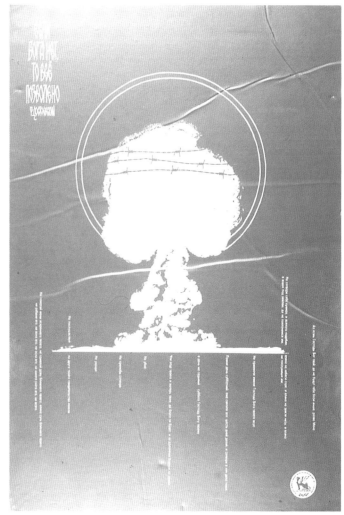

106

Jean-Baptiste BLOM   • Paris

« **Sans Dieu tout est permis** »

*"**Without God, everything is permitted**"*

ЗАЧЕМ ТЫ ТАК МНОГО БРОДИШЬ, МЕНЯЯ ПУТЬ ТВОЙ?

107

Vladimir FILIPPOV   • Leningrad

« Tu marches longtemps en changeant souvent de direction »
■ Gorbatchev a longtemps hésité lorsque les Républiques demandaient leur indépendance. Il a maintenant trouvé la solution : oublier la Perestroïka. L'emploi des armes à Vilnius en est le signe.

"During your long walk, you have often changed direction"
■ *Gorbatchev hesitated for a long time when the Republics demanded their independance. Now he's found the answer: by forgetting Perestroika. He has shown this by using arms in Vilnius.*

СОВЕСТЬ

108

Yakun KHAIROULINE   • Minsk

« La conscience »
■ Bien que faisant partie des privilégiés, A. Sakharov a été le premier à se prononcer contre le système soviétique.
Il est resté longtemps isolé.

"The Conscience"
■ *Although he was one of the priviliged, A. Sakharov was the first to speak out against the soviet system. For a long time, his was the only voice.*

И во здравье жизни Новой

Alexandre LEKOMTSEV
Evgueni MOROSOVSKI　• Odessa

« A votre santé et à une nouvelle vie »
■ La coupole de l'Eglise est devenue un ciboire. En détruisant l'Eglise le pouvoir soviétique a détruit l'âme du peuple. Faut-il alors s'étonner qu'il y ait des voleurs et des ivrognes ?

"To your health and to a new life"
■ *The church's dome has become a chalice. By destroying the Church, the soviet government destroyed the people's soul.*
So why are we surprised that there are thieves and drunkards?

110

МИЛОСЕРДИЕ

СЧЕТ
700310

Elena BOGDANOVA　• Leningrad

« Charité »
■ Ce n'est qu'en s'adressant au cœur d'autrui que l'on peut trouver la vérité.

"Charity"
■ *Let your heart speak out at last if we are to find the truth.*

111

Mikail KORTCHILOV • Leningrad

« Le Testament de la Bible est la base de
l'univers »

*"The Bible's Testament is the foundation
of the universe"*

112

Serguei POUTCHKOV • Pensa

« **Tu ne tueras point** »
■ Face à face l'Ancien et le Nouveau
Testament.

*"**Thou shalt not kill**"*
■ *Confrontation between the Old and the
New Testament.*

113

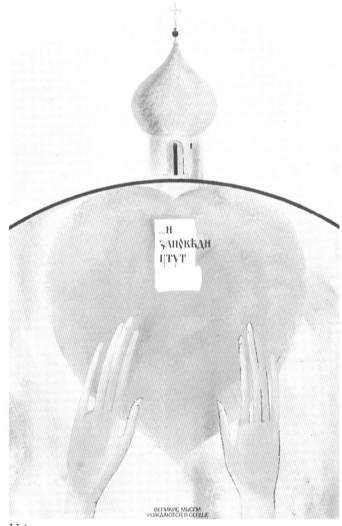

114

Vladimir GRISTCHENKO

• Khmelnitski

« **Le temps de Noé est proche du nôtre** »
■ Comme pour lui, notre salut ne peut
venir que des textes sacrés de la Bible.

*"**Noah's time is close to ours**"*
■ *For us as for him, salvation can only
come from the writings of the Bible.*

Levond AIRAPETIANTS   • Leningrad

« **De grandes pensées peuvent naître
dans le cœur** »

*"**Great thoughts can come from the
heart**"*

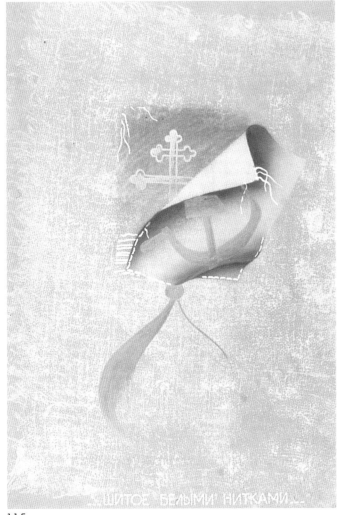

115

116

Ivanov ALEKSEI   • Chakti

Elena CHORINA   • Leningrad

« Evidence »
■ L'Eglise, base de la morale humaine, a été masquée par l'emblème du Parti Communiste. Il est temps de le déchirer.

"Evidence"
■ *The Church, basis of human morality, has been masked by the emblem of the Communist Party.*
It is time to tear it off.

« Liberté de conscience »
■ Jeu d'images avec le symbole de l'URSS, le soleil étant remplacé par l'œil de Dieu.

"Freedom of conscience"
■ *Visual pun on the symbol of the USSR: the eye of God replaces the sun.*

Juliette WEISBUCH   • Paris

« Les dix Commandements »
■ Sans les Commandements l'homme est handicapé.

"The Ten Commandments"
■ *Man is handicapped without the Commandments.*

ДАЖДЬ НАМ ДНЕСЬ...

Ludmila POSTNIKH   • Pensa

« Donne-nous à manger »
■ Sur le pain qui est la base de la vie il est écrit :
Tu ne tueras pas
Tu ne voleras pas
Tu ne mentiras pas.

"Give us food"
■ *On bread – the foundation of life – is written:*
Thou shalt not kill
Thou shalt not steal
Thou shalt not tell lies.

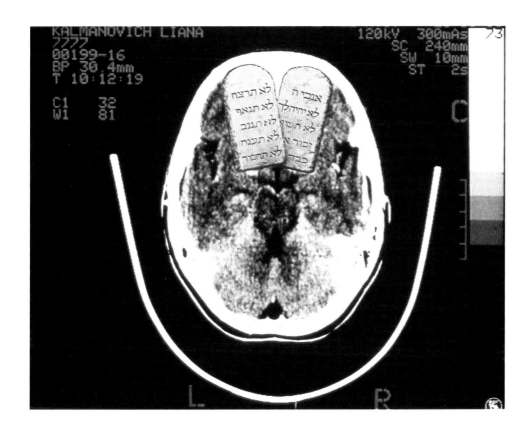

Liana YAROSLAVSKAÏA   • Paris

■ Chacun doit pouvoir s'exprimer selon sa conscience et sa religion (image scanner du cerveau et Tables de la Loi).

■ *We should all be able to express ourselves according to our conscience and our religion.*
(A brain-scan and the Tables of the Law).

Nikolaï TCHERVOTKIN   • Nikopol

« Tu ne tueras point »
■ Document de présentation de la célèbre mitrailleuse Kalachnikov que l'URSS vend dans de nombreux pays. Elle est réputée sûre et mortelle !

"Thou shalt not kill"
■ *The famous Kalachnikov machine-gun that the USSR has sold throughout the world.*
It has a reputation of being both reliable and lethal...

ЗАБВЕНИЕ ПРОШЛОГО ГРОЗИТ ЕГО ПОВТОРЕНИЕМ!

121

122

Alexandre FALDIN   • Leningrad

« Si tu oublies le passé, tu risques de le voir se reproduire demain »
■ Uniforme de Brejnev surmonté d'une auréole.

"If you forget the past, you run the risk of seeing it repeat itself tomorrow"
■ *A halo tops Brejnev's uniform.*

Igor REZNIKOV
Serguei VASILYEV   • Tachkent

« De l'autre côté du miroir »   Lewis Carroll
■ Allusion au miroir d'« Alice au Pays des Merveilles ». Pendant la période de stagnation (Brejnev) le peuple et l'élite ont vécu de part et d'autre du miroir.

"Through the looking glass"   *Lewis Carroll*
■ *Allusion to "Alice through the looking glass". During the stagnation period (Brejnev) the people and their leaders lived on different sides of the mirror.*

123

Igor REZNIKOV   • Tachkent
Serguei VASILYEV

« On ne juge pas les vainqueurs »
■ La lettre Я (moi, je) dominant des
caractères signifiant nous, toi, lui, dénonce
l'individualisme et l'égoïsme.

"Do the winners get judged?"
■ *The letter Я (±, me) towering above the
characters meaning we, you, him, attacks
individualism and selfishness.*

124

Alexandre ZAIKIN   • Pensa

« Tu ne tueras pas »
■ D'où viennent ces étoiles ? Ont-elles été
gagnées sur les champs de bataille ou
reçues face au peuple ?

"Thou shalt not kill"
■ *Were the stars received on the battle-
field or facing the people?*

François FABRIZI   • Paris

« Otez Communiste »
■ Un onzième commandement né de la disparition du V.

■ *In French, « votez communiste » means vote communist. Here it has been written without the « v » – « otez communiste » now reads as "remove communists".*

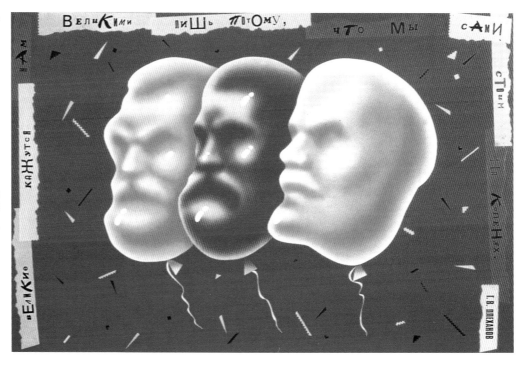

Valentina DOROKHOV
Victor DOROKHOV
     • Rostov-Na-Donou

« Les Grands nous paraissent grands car nous les regardons à genoux »
■ Les trois ballons représentent Marx, Engels et Lénine.

"The Great seem great to us because we look up to them on our knees"
■ *The three balloons represent Marx, Engels and Lenin.*

127

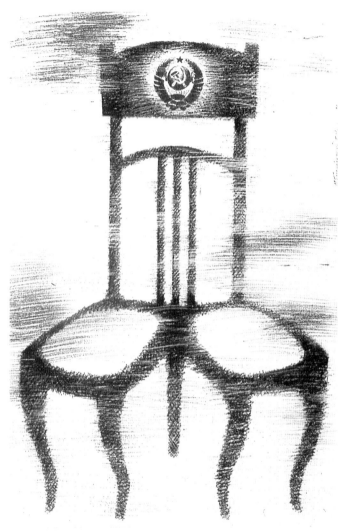

128

Youri MOLOTKOVETS • Leningrad

« **Réétudiez, Réétudiez, Réétudiez** »
■ Photomontage représentant Lénine tenant une Bible. Jeu de mots sur une phrase célèbre de lui « Etudiez, Etudiez, Etudiez »...

"Study again, Study again, Study again"
■ *Photomontage showing Lenin with a Bible: there is a play on words on his famous phrase "Study, Study, Study"...*

Mikael POGREBENSKI • Lougansk
Boris KHENKIN

■ Le Président pourra-t-il rester longtemps assis entre deux chaises ? Celle du Secrétaire Général du Parti Communiste que le peuple méprise ou celle du Président qu'il s'est attribuée sans vote populaire ?

■ *Can the President sit on two chairs at once? The Communist Party General Secretary's chair which is scorned by the people, and that of President which he attributed to himself without the people's vote?*

129

Anatoli RECHETOV • Rostov-Na-Donou

« **Salut Communiste !** »
■ Lénine signait toujours ses lettres avec
« Salut Communiste ».
Il a décidé de quitter son mausolée situé sur la
Place Rouge, déçu par ce qu'était devenue sa
politique.

"Goodbye Communist!"
■ *Lenin always ended his letters with*
"goodbye communist".
Disappointed by what has become of his
political ideas, he decides to leave his
mausoleum on Red Square.

130

Alexandre PLOUGENIKOV
Youri LOGATCHEV   • Piatigorsk
Alexandre ROUBETS

« **Les idées deviennent une force lorsqu'elles**
gagnent les masses »

"Ideas only become strength when they reach
the masses"

131

Youri YOUDIN   • Pensa

« **Ne te crée pas d'idole** »
■ Il ne faut pas voler vers la bougie, on y risque la mort.

*"**Don't create idols**"*
■ *Don't get drawn too close to the flame, death may be the result.*

132

Victor VALSAMAKI   • Nikopol

« **Ne créons pas d'idole** »

*"**Don't let us create idols**"*

133

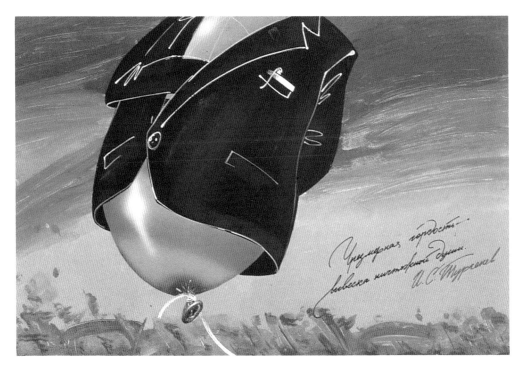

Alexandre PLOUGENIKOV
Alexandre ROUBETS   • Essentouki
Youri LOGATCHEV

« Un orgueil excessif est le signe d'une
âme méprisable »
Tourgueniev

"Excessive pride is the sign of a
despicable soul"
Turgenev

134

Elena CHORINA   • Leningrad

« Les sept Péchés Capitaux »
■ L'orgueil, l'avarice, la luxure, la
paresse,… désespoir.

"The Seven Capital Sins"
■ *Pride, greed, lust, sloth,… despair.*

Irina MARKOSKAIA · Kiev

« **Statut communiste** »
■ Code de moralité du bâtisseur du communisme. Ténuité du code par rapport à une reliure de Bible.

"Communist statutes"
■ *Moral code of the builders of communism. The slenderness of the code compared to the Bible's binding.*

Serguei NOMERKOV

« **Etre ou ne pas être ?** »
■ La faucille, le marteau et l'étoile rouge dessinent un crâne.
La Révolution de 1917 a-t-elle apporté le bonheur au peuple soviétique ?

"To be or not to be?"
■ *The hammer, the sickle and the red star form a skull.*
Has the Revolution of 1917 brought happiness to the soviet people?

Serguei PRIKASTCHIKOV • Ivanovo

« Dieu te protège. Russie garde-toi, la morale doit revenir »
■ Visage du Christ encadré par le drapeau tricolore russe créé au XVIIIᵉ siècle et remplacé, à la Révolution, par la bannière rouge de la Russie bolchévique.

"May God protect you, Russia be wary. Morality must be reinstated"
■ *The face of Christ framed by a three coloured ration flag created in the 18th century, and replaced the Revolution by the red banner of bolchevik russia.*

137

„РОССИЯ, РУСЬ, ХРАНИ СЕБЯ, ХРАНИ" Н.Рубцов

Svetlana FALDINA
Alexandre FALDIN • Leningrad

« Vive le pluralisme »

"Long live pluralism"

138

ПУСТЬ ЗДРАВСТВУЕТ ПЛЮРАЛИЗМ!

Guennadi CHILIKOV • Nikopol

« Aimez-vous les uns les autres »

"Love one another"

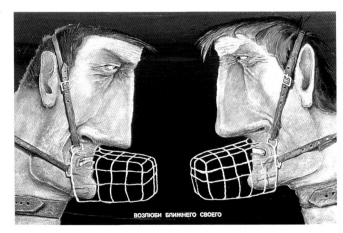

139

ВОЗЛЮБИ БЛИЖНЕГО СВОЕГО

Moscou s'affiche

LISTE DES ARTISTES

REMERCIEMENTS

L'exposition "Moscou s'affiche" et ce livre catalogue qui l'accompagne sont, on en jugera, le fruit de quelques rencontres heureusement servies par le hasard.

Depuis 1983 Gérard LAURANS a été amené, pour le compte du Centre National d'Études Spatiales, à effectuer plusieurs séjours en URSS dans le cadre de la coopération scientifique et spatiale. Béatrice, son épouse, a pressenti l'intérêt que pouvait représenter les nombreuses affiches soviétiques ramenées de ces voyages. Freddy GHOZLAND, enfin, se passionne depuis très longtemps pour l'affiche et la publicité sur lesquelles il a publié plusieurs ouvrages.

C'est de cette coopération qu'est né le projet d'une présentation au public français de ces affiches dites "de Perestroïka" dont les thèmes rendent compte de l'évolution sociale et politique de l'URSS depuis l'arrivée au pouvoir de M. GORBATCHEV.

Dès le premier voyage sur place, Thierry SARFIS, graphiste parisien, nous met en relation avec un de ses confrères de Leningrad, Alexandre FALDIN, avec lequel nous avons très rapidement sympathisé. Nous avons pris ensuite contact, grâce à lui, avec Vladimir FILIPPOV, Président de l'Union des Artistes de Leningrad et organisateur d'un concours de maquettes d'affiches sur le thème des "Dix Commandements", exposées en février 1991 dans le cadre prestigieux de la célèbre Perspective Newski.

Cette collection, qui constitue la partie principale de l'exposition "Moscou s'affiche", a été ensuite enrichie par Alexandre FALDIN d'une soixantaine d'œuvre originales en provenance de toutes les régions d'URSS. Nous leur sommes, tous trois, très reconnaissants de nous les avoir confiées. Les commentaires qui accompagnent chacune de ces maquettes sont le fruit de conversations que nous avons eu, à plusieurs reprises, avec eux.

Nous avons pensé, par ailleurs, qu'il était indispensable pour un lecteur occidental de situer ces affiches dans le contexte social, économique ou politique qui les avait suscitées : nous remercions vivement Anne COLDEFY-FAUCARD et Irène SEMENOFF-TIAN-CHANSKY d'avoir signés ces textes. A. COLDEFY-FAUCARD est agrégée de russe. Elle a traduit Alexandre ZINOVIEV, Alexandre SOLJENITSYNE, Vassili GROSMAN et Friederich GORENSTEIN. Elle a récemment co-dirigé le numéro spécial de la revue AUTREMENT consacré à Moscou.

I. SEMENOFF TIAN-CHANSKY a soutenu en mai 1990, sous la directive de H. CARRERE-d'ENCAUSSE, une thèse sur une "Contribution à l'étude du régime soviétique : les relations entre le pouvoir et les peintres depuis 1953". Elle enseigne actuellement le français à Moscou.

Nous remercions également pour leur précieuse collaboration Jacqueline de BOUSSAC, britannique et toulousaine d'adoption, à qui nous devons la transcription de ces textes en anglais et Lina CHATAINIER qui a traduit pour nous les légendes russes de ces affiches et qui nous a aidé à les commenter. Née à Kiev, L. CHATAINIER vit à Toulouse depuis 1984 où elle anime des échanges culturels entre la France et l'URSS.

La qualité des liens qui unissent deux pays passe toujours par des relations culturelles et amicales entre les individus. Monsieur Lionel JOSPIN, Ministre d'État, Ministre de l'Éducation Nationale, de la Jeunesse et des Sports et Madame Elisabeth GUIGOU, Ministre des Affaires Européennes l'ont bien compris en acceptant de soutenir notre initiative et de préfacer ce livre. Nous leur exprimons ici nos plus vifs remerciements.

Les personnalités suivantes nous ont fait en outre l'honneur d'être présentes dans le Comité de parrainage de notre exposition : Son Excellence Monsieur LOMEIKO, Ambassadeur Extraordinaire Plénipotentiaire, Délégué Permanent d'URSS auprés de l'UNESCO ; D. BAUDIS, Maire de Toulouse ; P. BEGHAIN, Directeur Régional des Affaires Culturelles Rhône-Alpes ; Général J.-L. CHRETIEN, Cosmonaute ; M. GARRIGOU, Vice-Président de la Chambre de Commerce et d'Industrie de Toulouse ; P. IZARD, Président du Conseil Général de la Haute-Garonne ; A. PARINAUD, Président de l'Académie des Arts de la Rue ; G. PRESSNITZER, Président du Centre Culturel Aérospatiale de Toulouse ; J. ROGER-MACHART, Député de la Haute-Garonne ; C. de ROUVRE, Maire de Chaumont.

Nos remerciements vont également à Madame BROCARD, Directeur de cabinet de Monsieur le Président du Conseil Général de la Haute-Garonne, Madame de BOISDEFFRE, cabinet de Madame E. GUIGOU, Messieurs KORENGOLD et DAZIANO, ambassade des États-Unis à Paris, Madame ORNON de CALAN, Mission Interministérielle pour l'Europe de l'Est ; Madame M. MAYDIEU, secrétariat de Monsieur L. JOSPIN ; Madame PATON, Chambre de commerce Franco-Soviétique ; Madame C. BRAS, Centre culturel de l'Aérospatiale de Toulouse, Monsieur JOCTEUR-MONTROZIER,

"Business in USSR" ; Madame G. PERRIER, Musée de l'Imprimerie et de la Banque à Lyon ; Messieurs C. ANGILERI et J.-J. MARTIN, Centre d'Action Culturelle Le Moulin du Roc, Niort ; Monsieur H. d'ACHON, École des Beaux-Arts de Nantes.

Nous adressons une mention particulière à Monsieur A. PARI-NAUD, qui devait accueillir au Grand Palais, la première exposition en France de "Moscou s'affiche". L'arrivée tardive des maquettes en France nous a contraint, à notre grande déception, à annuler cette exposition.

Nous tenons tout à la fois à remercier et à féliciter Madame HAAS et son équipe en France et sur place à Moscou et à Leningrad : c'est en effet la Société CGTT LEPERTOURS qui a, parfaitement, organisé nos séjours en URSS.

Merci enfin à C. PENTIER et B. PAULIGNAN de la Société LANO-GRAPH à Lannemezan pour l'organisation et l'accueil, pour un stage de sérigraphie, de deux jeunes artistes de Leningrad.

Les auteurs remercient ceux et celles avec lesquels ils ont préparé ce livre : D. CHAUVET, D. DUPUIS, P. FOURGEAU, I. GAUDON, B. GARAUDE et toute l'équipe de NUANCES DU SUD.

MOSCOU S'AFFICHE a choisi Altulex d'ALTUGLAS pour la mise en scène de son exposition.

ACKNOWLEDGEMENTS

The exhibition "Moscou s'affiche" and this accompanying book are the fortunate result, as will be seen, of several chance encounters.

Since 1983, Gérard LAURANS, working in the context of scientific and space cooperation on behalf of the C.N.E.S., had visited the USSR on many occasions. His wife, Béatrice, was quick to realise the signifiance of the numerous soviet posters he brought back on each of these trips. Freddy GHOZLAND had long been fascinated by posters and advertising, and had published several books on the subject.

From this collaboration came the original idea of showing the French public these posters, called "Perestroika" posters, as their themes are based on the social and political evolution in the USSR since M. GORBATCHEV came to power.

On our first visit together to the USSR, Thierry SARFIS, a Parisian graphic artist, put us in touch with one of his Leningrad collegues, Alexander FALDIN, with whom we rapidly became friendly. Thanks to him, we then contacted Vladimir FILIPPOV, President of the Leningrad Artist's Union, who had organised a competition for original work by poster artists on the teme "The Ten Commandments". These posters were exhibited in February 1991 in the prestigious setting of the famous Nevsky Prospect.

This collection, which foms the main body of the exhibition "Moscou s'affiche", was then enriched by over sixty original works which Alexander FALDIN had procured from all regions of the USSR. We are all very grateful to these artists to have entrusted us with their work, and the explanatory notes for each poster are the direct result of the conversations we had with them on several occasions.

It seemed to us essential that the Western reader should be able to place these posters in the social, economic and political context that provoked their creation: our most sincere thanks to Ann COLDEVY-FAUCARD and Irene SEMENOFF-TIAN-CHANSKY for their invaluable articles.

A. COLDEFY-FAUCARD is a professor of Russian. She has translated Alexander ZINOVIEV, Alexander SOLZHENITSYN, Vassily GROSMAN and Frederich GORENSTEIN. She recently co-edited the magazine AUTREMENT's special issue on Moscow.

In May 1990, I. SEMENOFF-TIAN-CHANSKY, under the guidance of H. CARRERE-d'ENCAUSSE, presented her thesis on a "Contribution to the study of the Soviet regime: the relations between government and artists since 1953". She now teaches French in Moscow.

Our thanks also for their valuable help to Jacqueline de BOUS-SAC, a British friend living in Toulouse, to whom we owe the English translation of these texts, and to Lina CHATAINIER who translated the poster's Russian texts for us and who helped us with the explanatory notes. Born in Kiev, L. CHATAINIER has lived in Toulouse since 1984 and organises cultural exchanges between France and the USSR.

The strength of the bonds that unite two countries depends on the culturel and friendly ties between individuals. Monsieur Lionel JOSPIN, Minister of State, Minister for Education, Youth and Sport, and Madame Elizabeth GUIGOU, Minister for European Affairs, proved this by accepting to support our initiative and by prefacing this book. We would like to take this opportunity to express our most heartfelt thanks to them both.

TABLE DES MATIÈRES

CONCEPTION GRAPHIQUE : NUANCES DU SUD